博雅国际汉语精品教材

英文注释本
ANNOTATED IN ENGLISH

第五版
5TH EDITION

汉语会话 301 句 下册

CONVERSATIONAL CHINESE 301

VOLUME II

康玉华　来思平　编著
By Kang Yuhua & Lai Siping

北京大学出版社
PEKING UNIVERSITY PRESS

图书在版编目 (CIP) 数据

汉语会话301句：英文注释本. 下册 / 康玉华，来思平编著. —5版. —北京：北京大学出版社，2023.3
博雅国际汉语精品教材
ISBN 978-7-301-32205-5

Ⅰ.①汉…　Ⅱ.①康…②来…　Ⅲ.①汉语－口语－对外汉语教学－教材　Ⅳ.①H195.4

中国版本图书馆CIP数据核字（2021）第 094519 号

书　　　名	汉语会话 301 句（英文注释本）（第五版）·下册
	HANYU HUIHUA 301 JU (YINGWEN ZHUSHIBEN) (DI-WU BAN) · XIACE
著作责任者	康玉华　来思平　编著
责任编辑	唐娟华
标准书号	ISBN 978-7-301-32205-5
出版发行	北京大学出版社
地　　　址	北京市海淀区成府路 205 号　100871
网　　　址	http://www.pup.cn　新浪微博:@北京大学出版社
电子信箱	zpup@pup.cn
电　　　话	邮购部 010-62752015　发行部 010-62750672　编辑部 010-62767349
印　刷　者	北京宏伟双华印刷有限公司
经　销　者	新华书店
	787 毫米 × 1092 毫米　16 开本　23.25 印张　337 千字
	2023 年 3 月第 5 版　2025 年 1 月第 2 次印刷
定　　　价	78.00 元（含课本、练习册、音频）

未经许可，不得以任何方式复制或抄袭本书之部分或全部内容。
版权所有，侵权必究
举报电话: 010-62752024　电子信箱: fd@pup.pku.edu.cn
图书如有印装质量问题，请与出版部联系，电话: 010-62756370

第五版出版说明

《汉语会话301句》是当今全球非常畅销的对外汉语经典教材。本教材由北京语言大学康玉华、来思平两位教师编写,北京语言学院出版社1990年出版,1998年修订再版,2006年出版第三版,译有近十种外语注释的版本,发行逾百万册。本书为英文注释本第五版,由编者和北京大学出版社汉语及语言学编辑部精心修订。

第五版修订主要包括三方面的内容。第一,在不改动原有语言点顺序的前提下,改编内容过时的课文,更换能反映当下社会生活的内容,如增加"微信""快递"等词语;第二,教学内容的编排精益求精,生词的设置和翻译更加精细,语言点注释更加完善;第三,配套练习册随课本进行了修订,并增加了交际性练习。经过这次修订,《汉语会话301句》这套经典教材又焕发出了新的活力。

好教材是反复修订出来的。在当今汉语教材空前繁荣的局面下,经典教材的修订愈加凸显其标杆意义。自1990年初版以来,《汉语会话301句》通过不断的自我更新,见证了汉语教学事业从兴旺走向辉煌的历程,并且成为潮头的夺目浪花。此次修订融进了新的教学研究理念和教材编写思想。我们相信,我们为汉语教师提供的是好教的教材,也是外国学生好用的教材。

北京大学出版社
汉语及语言学编辑部
2022年12月

前言

《汉语会话301句》是为初学汉语的外国人编写的速成教材。

全书共40课，另有复习课8课。40课内容包括"问候""相识"等交际功能项目近30个、生词800个左右以及汉语基本语法。每课分句子、会话、替换与扩展、生词、语法、练习等六部分。

本书注重培养初学者运用汉语进行交际的能力，采用交际功能与语法结构相结合的方法编写。全书将现代汉语中最常用、最基本的部分通过生活中常见的语境展现出来，使学习者能较快地掌握基本会话301句，并在此基础上通过替换与扩展练习，达到能与中国人进行简单交际的目的，为进一步学习打下良好的基础。

考虑到成年人学习的特点，对基础阶段的语法部分，本书用通俗易懂的语言，加上浅显明了的例句作简明扼要的解释，使学习者能用语法规律来指导自己的语言实践，从而起到举一反三的作用。

本书练习项目多样，练习量也较大。复习课注意进一步训练学生会话与成段表达，对所学的语法进行归纳总结。各课的练习和复习课可根据实际情况全部或部分使用。

编者
1989年3月

PREFACE

Conversational Chinese 301 is intended to be an intensive course book for foreigners who have just started to learn Chinese.

This book consists of 40 lessons and 8 reviews. The 40 lessons encompass nearly 30 communicative functions such as "Greetings" and "Making an Acquaintance", about 800 new words and the fundamentals of Chinese grammar. Each lesson is divided into six parts: Sentences, Conversations, Substitution and Extension, New Words, Grammar (Phonetics in first three lessons), and Exercises.

This book lays emphasis on improving the ability of the learner to use Chinese for communication. It integrates the communicative function with the grammatical structure and presents the most essential and useful part of the language in the linguistic environments one is usually exposed to in daily life, so as to enable the learner to master the 301 basic conversational sentences fairly quickly, and on that basis, through "Substitution and Extension" practice, to acquire the ability to carry on simple conversations in Chinese. In this way, the book will also help lay a solid foundation for further study.

In view of the characteristics of language learning of the adult, we use not only easy-to-understand language, but also simple grammar. All this will help him use the grammatical rules to guide his own language practice and draw inferences about other cases from one instance.

The exercises are varied and plentiful. The reviews give due attention to improving the conversational and narrative skills of the learner, as well as systematically summarizing the grammar points covered. The exercises in each lesson and the reviews may be used in totality or in part, according to actual circumstances.

The Compilers
March, 1989

简称表 Abbreviations

1	名	名词	míngcí	noun
2	代	代词	dàicí	pronoun
3	动	动词	dòngcí	verb
4	能愿	能愿动词	néngyuàn dòngcí	modal verb
5	形	形容词	xíngróngcí	adjective
6	数	数词	shùcí	numeral
7	量	量词	liàngcí	measure word
8	数量	数量词	shùliàngcí	quantifier
9	副	副词	fùcí	adverb
10	介	介词	jiècí	preposition
11	连	连词	liáncí	conjunction
12	助	助词 动态助词	dòngtài zhùcí	aspect particle
		结构助词	jiégòu zhùcí	structural particle
		语气助词	yǔqì zhùcí	modal particle
13	叹	叹词	tàncí	interjection
14	拟声	拟声词	nǐshēngcí	onomatopoeia
15	头	词头	cítóu	prefix
16	尾	词尾	cíwěi	suffix

CONTENTS 目录

21 请你参加 WILL YOU JOIN US — 1
语法 Grammar: 动作的进行 The continuous action
yāoqǐng 邀请 INVITATION

22 我不能去 I CAN'T GO — 10
语法 Grammar:
1. 动态助词"了" The aspect particle "了"
2. 时段词语作状语 Words or phrases of duration as adverbial adjuncts

wǎnjù 婉拒 DECLINATION

23 对不起 I AM SORRY — 20
语法 Grammar:
1. 副词"就""才" The adverbs "就" and "才"
2. 形容词"好"作结果补语 The adjective "好" as a complement of result
3. 趋向补语（2） The complement of direction (2)

dào qiàn 道歉 APOLOGY

24 真遗憾，我没见到他 IT IS REALLY A PITY THAT I HAVEN'T SEEN HIM — 30
语法 Grammar:
1. "是不是"构成的正反疑问句 The affirmative-negative question with "是不是"
2. 用动词"让"的兼语句 The pivotal sentence with the verb "让"

yíhàn 遗憾 REGRET

25 这张画儿真美 THIS PAINTING IS REALLY BEAUTIFUL — 39
语法 Grammar:
1. 又……又…… both…and…
2. 要是……就…… if…then…

chēngzàn 称赞 PRAISE

复习（五） REVIEW (V) — 48

26 祝贺你　CONGRATULATIONS　54

语法 Grammar	1. 可能补语（1）　The complement of potential (1)	zhùhè 祝贺 CONGRATULATION
	2. 动词"了"作可能补语　The verb "了" as a complement of potential	
	3. "开""下"作结果补语　"开" and "下" as complements of result	

27 你别抽烟了　PLEASE DON'T SMOKE　64

语法 Grammar	1. "有点儿"作状语　"有点儿" as an adverbial adjunct	quàngào 劝告 PERSUASION
	2. 存现句　The sentence expressing existence, appearance or disappearance	

28 今天比昨天冷　IT IS COLDER TODAY THAN IT WAS YESTERDAY　73

语法 Grammar	1. 用"比"表示比较　The use of "比" for comparison	bǐjiào 比较 COMPARISON
	2. 数量补语　The complement of quantity	
	3. 用"多"表示概数　"多" indicating an approximate number	

29 我也喜欢游泳　I ALSO LIKE SWIMMING　83

语法 Grammar	1. 用"有"或"没有"表示比较　The use of "有" or "没有" for comparison	àihào 爱好 HOBBY
	2. 用"吧"的疑问句　The interrogative sentence with "吧"	
	3. 时量补语（1）　The complement of duration (1)	

30 请你慢点儿说　PLEASE SPEAK SLOWLY　93

语法 Grammar	1. 时量补语（2）　The complement of duration (2)	yǔyán 语言 LANGUAGE
	2. 除了……以外　besides, except	

复习（六）　REVIEW (VI)　104

31 那儿的风景美极了　THE SCENERY IS VERY BEAUTIFUL THERE　110

| 语法 Grammar | 1. 趋向补语（3）　The complement of direction (3)
 2. 用"不是……吗"的反问句　The rhetoric question with "不是……吗" | lǚyóu
 旅游（1）
 TRAVELLING (1) |

32 买到票了没有　HAVE YOU GOT THE TICKET　121

| 语法 Grammar | 1. "见"作结果补语　"见" as a complement of result
 2. 动作的持续　The duration of an action | lǚyóu
 旅游（2）
 TRAVELLING (2) |

33 我们预订了两个房间　WE BOOKED TWO ROOMS　131

| 语法 Grammar | 1. 形容词重叠与结构助词"地"　Reduplication of adjectives and the structural particle "地"
 2. 可能补语（2）　The complement of potential (2) | lǚyóu
 旅游（3）
 TRAVELLING (3) |

34 我头疼　I HAVE A HEADACHE　142

| 语法 Grammar | 1. "把"字句（1）　The "把" sentence (1)
 2. 一……就……　no sooner…than… | kàn bìng
 看病
 TO SEE A DOCTOR |

35 你好点儿了吗　ARE YOU BETTER NOW　152

| 语法 Grammar | 被动句　Passive sentences | tànwàng
 探望
 TO PAY A VISIT |

复习（七）　REVIEW (VII)　162

36 我要回国了　I'LL BE BACK TO MY COUNTRY　169

| 语法 Grammar | 1. 时量补语（3）　The complement of duration (3)
 2. 有的……有的……　some…and the others… | gào bié
 告别
 DEPARTURE |

37 真舍不得你们走　WE ARE SORRY TO LET YOU GO　179

语法 Grammar	1. "虽然……但是……" 复句　The complex sentence with "虽然……但是……"	jiànxíng 饯行 TO GIVE A FAREWELL DINNER
	2. "把" 字句（2）　The "把" sentence (2)	

38 这儿托运行李吗　IS THIS THE PLACE FOR CHECKING LUGGAGE　189

语法 Grammar	1. "不但……而且……" 复句　The complex sentence with "不但……而且……"	tuōyùn 托运 SHIPMENT
	2. 能愿动词在 "把" 字句中的位置　The position of modal verbs in the "把" sentence	
	3. "动" 作可能补语　The verb "动" as a complement of potential	

39 不能送你去机场了　I CAN'T GO TO THE AIRPORT TO SEE YOU OFF　199

语法 Grammar	1. 动作的持续与进行　The continuation and progression of an action	sòngxíng 送行（1） TO SEE SOMEONE OFF (1)
	2. 用 "不如" 表示比较　The use of "不如" for comparison	

40 祝你一路平安　HAVE A PLEASANT JOURNEY　209

语法 Grammar	1. "把" 字句（3）　The "把" sentence (3)	sòngxíng 送行（2） TO SEE SOMEONE OFF (2)
	2. ……了……就……　no sooner... than...	

复习（八）　REVIEW (VIII)　219

词汇表　VOCABULARY　227

yāoqǐng
邀请
INVITATION

21 请你参加
WILL YOU JOIN US

一 句子 Sentences

141 喂，北大中文系吗？
Wèi, Běidà Zhōngwénxì ma?
Hello! Is that the Chinese Department of Peking University?

142 我是中文系。① This is the Chinese Department.
Wǒ shì Zhōngwénxì.

143 您找哪位？ Who are you looking for?
Nín zhǎo nǎ wèi?

144 她在上课呢。 She is having a class.
Tā zài shàng kè ne.

145 请她给我回个电话。
Qǐng tā gěi wǒ huí ge diànhuà.
Please tell her to call me back.

146 我一定转告她。 I'll certainly tell her about it.
Wǒ yídìng zhuǎngào tā.

147 现在你做什么呢？
Xiànzài nǐ zuò shénme ne?
What are you doing there right now?

148 （现在）在休息呢。 I am having a rest.
(Xiànzài) Zài xiūxi ne.

二 会 话 Conversations

1

玛丽：喂，北大中文系吗？
Mǎlì: Wèi, Běidà Zhōngwénxì ma?

中文系：对，我是中文系。您找哪位？
Zhōngwénxì: Duì, wǒ shì Zhōngwénxì. Nín zhǎo nǎ wèi?

玛丽：李红老师在吗？
Mǎlì: Lǐ Hóng lǎoshī zài ma?

中文系：不在，她在上课呢。
Zhōngwénxì: Bú zài, tā zài shàng kè ne.

您找她有什么事？
Nín zhǎo tā yǒu shénme shì?

玛丽：她下课以后，请她给
Mǎlì: Tā xià kè yǐhòu, qǐng tā gěi

我回个电话。我叫玛丽。
wǒ huí ge diànhuà. Wǒ jiào Mǎlì.

中文系：好，我一定转告她。她知道您的手机
Zhōngwénxì: Hǎo, wǒ yídìng zhuǎngào tā. Tā zhīdào nín de shǒujī

号吗？
hào ma?

玛丽：知道，谢谢您！
Mǎlì: Zhīdào, xièxie nín!

中文系：不客气。
Zhōngwénxì: Bú kèqi.

2

李红：喂，玛丽吗？刚才你给我打电话了？
Lǐ Hóng: Wèi, Mǎlì ma? Gāngcái nǐ gěi wǒ dǎ diànhuà le?

玛丽：是啊，现在你做什么呢？
Mǎlì: Shì a, xiànzài nǐ zuò shénme ne?

李红：在休息呢。
Lǐ Hóng: Zài xiūxi ne.

玛丽：告诉你，明天晚上有个圣诞节晚会，我请你参加。
Mǎlì: Gàosu nǐ, míngtiān wǎnshang yǒu ge Shèngdàn Jié wǎnhuì, wǒ qǐng nǐ cānjiā.

李红：好，我一定去。
Lǐ Hóng: Hǎo, wǒ yídìng qù.

玛丽：晚上八点，我在友谊宾馆门口等你。
Mǎlì: Wǎnshang bā diǎn, wǒ zài Yǒuyì Bīnguǎn ménkǒu děng nǐ.

李红：王老师也去吗？
Lǐ Hóng: Wáng lǎoshī yě qù ma?

玛丽：去，跟她先生一起去。②
Mǎlì: Qù, gēn tā xiānsheng yìqǐ qù.

李红：那好极了！
Lǐ Hóng: Nà hǎojí le!

注释 Notes

❶ 我是中文系。 This is the Chinese Department.

电话用语。表示接电话的人所在的单位。
It is an expression used in telephone conversations, denoting the unit where the person who answer the phone works.

❷ 跟她先生一起去。 She will go along with her husband.

"先生"可以用来称自己或别人的丈夫，前面一般有人称代词作定语。
"先生" may be used to call one's husband, and it must take a personal pronoun as an attributive in this circumstance.

三 替换与扩展 Substitution and Extension

1. 替换 Substitution

(1) 我一定<u>转告</u>她。

| 告诉 | 通知 |
| 叫 | 帮助 |

(2) A：现在你做什么呢？
　　B：在<u>休息</u>呢。

照相	看新闻
跳舞	发微信
做练习	听录音
看电视	上网

(3) <u>明天晚上</u>我们有个
　　<u>圣诞节晚会</u>。

星期天	新年晚会
星期六晚上	舞会
新年的时候	音乐会

2. 扩展 Extension

(1) 里边 正在 开 新年 晚会, 他们 在 唱 歌
    Lǐbian zhèngzài kāi xīnnián wǎnhuì, tāmen zài chàng gē

呢, 快 进去 吧。
ne, kuài jìnqu ba.

(2) 明天 上午 去 参观, 八 点 在 留学生楼
    Míngtiān shàngwǔ qù cānguān, bā diǎn zài liúxuéshēnglóu

前边 上车。请 通知 一下儿。
qiánbian shàng chē. Qǐng tōngzhī yíxiàr.

四 生词 New Words

1.	喂	wèi	叹	hello
2.	中文	Zhōngwén	名	Chinese
3.	系	xì	名	department
4.	位	wèi	量	measure word for people
5.	一定	yídìng	副	certainly
6.	转告	zhuǎngào	动	to pass on, to tell
7.	刚才	gāngcái	名	just now
8.	晚会	wǎnhuì	名	evening party
9.	参加	cānjiā	动	to participate
10.	门口	ménkǒu	名	doorway
11.	通知	tōngzhī	动/名	to inform; notice
12.	帮助	bāngzhù	动	to help

13.	新闻	xīnwén	名	news
14.	跳舞	tiào wǔ		to dance
15.	新年	xīnnián	名	New Year
16.	舞会	wǔhuì	名	dancing party
17.	里边	lǐbian	名	inside
18.	正在	zhèngzài	副	in the midst of
19.	开	kāi	动	to have (a meeting)
20.	唱	chàng	动	to sing
21.	歌	gē	名	song
22.	参观	cānguān	动	to visit

专名 Proper Nouns

1.	李红	Lǐ Hóng	Li Hong (*name of a person*)
2.	圣诞节	Shèngdàn Jié	Christmas Day
3.	友谊宾馆	Yǒuyì Bīnguǎn	Friendship Hotel

五 语法 Grammar

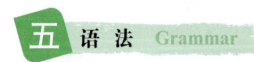   The continuous action

（1）一个动作可以处在进行、持续、完成等不同的阶段。要表示动作正在进行，可在动词前加副词"正在""正""在"，或在句尾加语气助词"呢"。有时"正在""正""在"也可以和"呢"同时使用。例如：

An action may undergo different stages. It may be in progress or may have completed.

One can add an adverb ("正在" "正" or "在") before the verb or the modal particle "呢" at the end of the sentence to show that the action is going on. Occasionally, "正在" "正" or "在" can be used with "呢" in the same sentence, e.g.

> ① 学生正在上课（呢）。　② 他来的时候，我正上网（呢）。
> ③ 他在听音乐（呢）。　　④ 他写电子邮件呢。

（2）一个进行的动作可以是现在，也可以是过去或将来。例如：
An activity in progress may be at present or at a point of time in the past or future, e.g.

> ⑤ A：你做什么呢？
> 　 B：休息呢。（现在 present）
> ⑥ A：昨天我给你打电话的时候，你做什么呢？
> 　 B：我做练习呢。（过去 past）
> ⑦ 明天上午你去找他，他一定在上课。（将来 future）

六　练　习　Exercises

1. 用"正在……呢"完成句子并用上括号里的词语　Complete the following sentences with "正在……呢" and the words in the bracket

（1）今天有舞会，他们＿＿＿＿＿＿＿＿＿＿。（跳舞）

（2）你看，玛丽＿＿＿＿＿＿＿＿＿＿。（打电话）

（3）今天天气不错，王兰和她的朋友＿＿＿＿＿＿＿。（照相）

（4）和子＿＿＿＿＿＿＿＿＿＿。（洗衣服）

2. 仿照例子，用"正在……呢"造句 Make sentences with "正在……呢" by following the model

例 Example 去他家　看书 ➡ 昨天我去他家的时候，他正在看书呢。

（1）去教室　　学习汉语 ➡ _____

（2）去他宿舍　睡觉 ➡ _____

（3）去看他　　喝咖啡 ➡ _____

（4）到动物园　看大熊猫 ➡ _____

（5）到车站　　等汽车 ➡ _____

（6）到银行　　换钱 ➡ _____

3. 完成对话 Complete the following conversation

A：是张明家吗？

B：对。_____？

A：我找_____，我是王兰。

B：小明，电话！

C：王兰，_____？

A：小明，今天_____，我们去看电影好吗？

C：好。_____？

A：下午三点。

4. 练习打电话 Practice making telephone calls

（1）A 邀请 B 去听音乐会。

　　A invites B to a concert.

　　提示：时间、地点（dìdiǎn, place）。音乐会怎么样？怎么去？
　　Suggested points: time, place. How is the concert? How to go there?

（2）A 邀请 B 去饭店吃饭。

A invites B to a restaurant.

提示：时间、地点。怎么去？吃什么？

Suggested points: time, place. How to go there? What to eat?

5. 听后复述　Listen and retell

汉斯（Hànsī, Hans）来了，今天我们公司请他参加欢迎会（huì, meeting）。

下午两点钟，翻译小王打电话通知他，告诉他五点半在房间等我们，我们开车去接他。

欢迎会开得很好，大家为友谊干杯，为健康干杯，像一家人一样。

6. 语音练习　Phonetic drills

(1) 常用音节练习　Drills on the frequently used syllables

(2) 朗读会话　Read aloud the conversation

A: Wèi, shì yāo èr líng wǔ fángjiān ma?

B: Shì de. Qǐngwèn nǐ zhǎo nǎ wèi?

A: Qǐng jiào Dàwèi jiē diànhuà.

B: Hǎo de. Qǐng děng yíxiàr.

A: Máfan nǐ le, xièxie!

wǎnjù
婉拒
DECLINATION

22 我不能去
I CAN'T GO

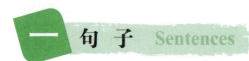

149 我 买 了 两 张 票。 I have bought two tickets.
Wǒ mǎile liǎng zhāng piào.

150 真 不 巧, 我 不 能 去。
Zhēn bù qiǎo, wǒ bù néng qù.
Unfortunately I can't go.

151 今 天 你 不 能 去, 那 就 以 后 再 说①吧。
Jīntiān nǐ bù néng qù, nà jiù yǐhòu zàishuō ba.
If you can't go today, we'd better put the matter aside for the moment.

152 我 很 想 去, 可 是 我 有 个 约 会。
Wǒ hěn xiǎng qù, kěshì wǒ yǒu ge yuēhuì.
I'd like to go, but I have a date.

153 你 是 跟 女 朋 友 约 会 吗?
Nǐ shì gēn nǚpéngyou yuēhuì ma?
Is it a date with your girlfriend?

154 有 个 同 学 来 看 我, 我 要 等 他。
Yǒu ge tóngxué lái kàn wǒ, wǒ yào děng tā.
A classmate of mine is coming to see me, so I have to wait for him.

155 我 们 好 几 年 没 见 面 了。
Wǒmen hǎojǐ nián méi jiàn miàn le.
We haven't seen each other for a number of years.

22 我不能去 I CAN'T GO

156 这星期我没空儿。 I am fully occupied this week.
Zhè xīngqī wǒ méi kòngr.

二 会话 Conversations

1

丽英: 我买了两张票，请你看京剧。
Lìyīng: Wǒ mǎile liǎng zhāng piào, qǐng nǐ kàn jīngjù.

玛丽: 是吗？② 什么时候的？
Mǎlì: Shì ma? Shénme shíhou de?

丽英: 明天晚上七点一刻的。
Lìyīng: Míngtiān wǎnshang qī diǎn yí kè de.

玛丽: 哎呀，真不巧，我不能去。后天就
Mǎlì: Āiyā, zhēn bù qiǎo, wǒ bù néng qù. Hòutiān jiù

考试了，晚上要复习。
kǎo shì le, wǎnshang yào fùxí.

丽英: 那就以后再说吧。
Lìyīng: Nà jiù yǐhòu zàishuō ba.

2

王兰: 明天下午我们去看电影，你能去吗？
Wáng Lán: Míngtiān xiàwǔ wǒmen qù kàn diànyǐng, nǐ néng qù ma?

大卫: 我很想去，可是明天我有个约会。
Dàwèi: Wǒ hěn xiǎng qù, kěshì míngtiān wǒ yǒu ge yuēhuì.

王兰: 怎么？是跟女朋友约会吗？③
Wáng Lán: Zěnme? Shì gēn nǚpéngyou yuēhuì ma?

大卫: 不是，有个同学来看我，我要等他。
Dàwèi: Bú shì, yǒu ge tóngxué lái kàn wǒ, wǒ yào děng tā.

王兰: 他也在北京学习吗？
Wáng Lán: Tā yě zài Běijīng xuéxí ma?

大卫: 不，他刚从法国来。我们好几年没
Dàwèi: Bù, tā gāng cóng Fǎguó lái. Wǒmen hǎojǐ nián méi

见面了。
jiàn miàn le.

王兰: 你应该陪他玩儿玩儿。
Wáng Lán: Nǐ yīnggāi péi tā wánrwánr.

大卫: 这星期我没空儿，
Dàwèi: Zhè xīngqī wǒ méi kòngr,

下星期我们再一起
xià xīngqī wǒmen zài yìqǐ

看电影吧。
kàn diànyǐng ba.

注释 Notes

❶ 以后再说　to put off until some time later

"再说"可以表示把某件事留待以后再办理或考虑。
"再说" can express that something can be put off for later consideration or treatment.

❷ 是吗？ Really?

表示原来不知道某事，听说后觉得有点儿意外。有时还表示不太相信。
The expression is used to show that one is surprised when hearing something he is not aware of, or is sometimes skeptical about it.

22 我不能去 I CAN'T GO

❸ 怎么？是跟女朋友约会吗？　Why? Is it a date with your girlfriend?

"怎么"用来询问原因。"是"用来强调后边内容的真实性。
"怎么" is used to inquire about the reason. "是" stresses the truth of the following content.

 替换与扩展 Substitution and Extension

1. 替换 Substitution

(1) 我买了两张票。 ▷◁

翻译	个	句子
写	封	电子邮件
参加	个	会
要	辆	出租车

(2) 我们好几年没见面了。 ▷◁

| 好几天 | 好几个月 |
| 好长时间 | 好几个星期 |

(3) 你应该陪他玩儿玩儿。 ▷◁

带	参观
帮	问
帮助	复习
请	介绍

DECLINATION 13

2. 扩展 Extension

(1) 我 正 要 去 找 你， 你 就 来 了，太 巧 了。
　　Wǒ zhèng yào qù zhǎo nǐ, nǐ jiù lái le, tài qiǎo le.

(2) A：那个 姑娘 真 漂亮。她 是 谁？
　　　Nàge gūniang zhēn piàoliang. Tā shì shéi?

　　B：她 是 那个 高 个子 的 女朋友。
　　　Tā shì nàge gāo gèzi de nǚpéngyou.

四　生词　New Words

1.	巧	qiǎo	形	fortunate
2.	再说	zàishuō	动	to put off until some time later
3.	可是	kěshì	连	however, but
4.	约会	yuēhuì	名/动	date, appointment; to date
5.	女朋友	nǚpéngyou	名	girlfriend
6.	同学	tóngxué	名	classmate
7.	好几	hǎojǐ	数	several
8.	见面	jiàn miàn		to meet, to see
9.	空儿	kòngr	名	free time
10.	后天	hòutiān	名	the day after tomorrow
11.	复习	fùxí	动	to review
12.	刚	gāng	副	just now
13.	陪	péi	动	to accompany
14.	句子	jùzi	名	sentence

15.	封	fēng	量	*messure word for something enveloped*
16.	会	huì	名	meeting
17.	正	zhèng	副	just, right
18.	姑娘	gūniang	名	girl
19.	漂亮	piàoliang	形	beautiful
20.	高	gāo	形	tall, high
21.	个子	gèzi	名	height, stature

五 语法 Grammar

1. 动态助词"了"　　The aspect particle "了"

（1）在动词之后表示动作所处阶段的助词叫动态助词。动态助词"了"在动词后边表示动作的完成。有宾语时，宾语常带数量词或其他定语。例如：

A particle is called an aspect particle when it is used to indicate the stage which an action has reached. The aspect particle "了" usually indicates the completion of the action denoted by a verb when it comes after that verb. When "了" is followed by an object, that object is often preceded by a quantifier or some other attributive, e.g.

① 他结婚了吗？
② 我昨天看了一个电影。
③ 玛丽买了一辆自行车。
④ 我收到了他寄给我的东西。

（2）动作完成的否定是在动词前加"没（有）"，动词后不再用"了"。例如：

To show that an action has failed to occur, one adds "没（有）" before the verb and omits "了" at the same time, e.g.

⑤ 他没来。
⑥ 我没（有）看电影。

2. 时段词语作状语　Words or phrases of duration as adverbial adjuncts

时段词语作状语表示在此段时间内完成了什么动作或出现了什么情况。例如：

A word or phrase of duration indicates a period of time in which some action was completed or something occurred, when it is used as an adverbial adjunct, e.g.

① 他两天看了一本书。　　② 我们好几年没见面了。

六 练习 Exercises

1. 用"可是"完成句子　Complete the sentences with "可是"

（1）他六十岁了，_____。

（2）今天我去小王家找他，_____。

（3）他学汉语的时间不长，_____。

（4）这种苹果不贵，_____。

（5）我请小王去看电影，_____。

2. 给下面的词语选择适当的位置　Insert the given words into the following sentences at the suitable places

（1）昨天我复习A两课生词B。（了）

（2）我和小王一起参观A天安门B。（了）

（3）他A没来中国B了。（两年）

（4）你A能看完这本书B吗？（一个星期）

22 我不能去 I CAN'T GO

3. 仿照例子，用动态助词"了"造句 Make sentences with the aspect particle "了" by following the model

例 Example　买　电子词典 ➡ 昨天我买了一本电子词典。

（1）喝　　啤酒　➡ _____

（2）照　　照片　➡ _____

（3）复习　两课生词 ➡ _____

（4）翻译　几个句子 ➡ _____

（5）开　　会　➡ _____

（6）买　　车　➡ _____

4. 完成对话 Complete the following conversations

（1）A：今天晚上有舞会，_____？

　　B：大概不行。

　　A：_____？

　　B：学习太忙，没有时间。

　　A：你知道王兰能去吗?

　　B：_____。

　　A：真不巧。

（2）A：圣诞节晚会你唱个中文歌吧。

　　B：_____。

　　A：别客气。

　　B：不是客气，我_____。

A：我听你唱过。

B：那是英文歌。

5. 会话　Make dialogues

（1）你请朋友星期天去长城，他说星期天有约会，不能去。
You invite your friend to go visiting the Great Wall on Sunday, but he says he will have a date on Sunday and can't go.

（2）你请朋友跟你跳舞，他/她说不会跳舞。
You invite your friend to dance together with you, but he/she says he/she can't dance.

6. 用所给词语填空并复述　Fill in the blanks with the given expressions and retell

演　　太巧了　　陪　　顺利

昨天晚上王兰＿＿＿＿＿玛丽去看京剧。她们从学校门口坐331路公共汽车去。＿＿＿＿＿，她们刚走到车站，车就来了。车上人不多，她们很＿＿＿＿＿。

京剧＿＿＿＿＿得很好，很有意思。

7. 语音练习　Phonetic drills

（1）常用音节练习　Drills on the frequently used syllables

22 我不能去 I CAN'T GO

（2）朗读会话　Read aloud the conversation

A: Nín hē píjiǔ ma?

B: Hē, lái yì bēi ba.

A: Hē bu hē pútaojiǔ?

B: Bù hē le.

A: Zhè shì Zhōngguó yǒumíng de jiǔ, hē yìdiǎnr ba.

B: Hǎo, shǎo hē yìdiǎnr.

A: Lái, gān bēi!

dào qiàn
道歉
APOLOGY

23 对不起

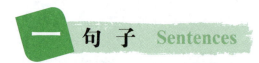

一 句子 Sentences

157 对不起，让你久等了。
Duìbuqǐ, ràng nǐ jiǔ děng le.
I am sorry to have kept you waiting for so long.

158 你怎么八点半才来？
Nǐ zěnme bā diǎn bàn cái lái?
Why didn't you come until half past eight?

159 真抱歉，我来晚了。I am sorry for being late.
Zhēn bàoqiàn, wǒ láiwǎn le.

160 半路上我的电动车坏了。
Bànlù shang wǒ de diàndòngchē huài le.
My electromobile broke down on my way here.

161 电动车修好了吗？ Have you fixed your electromobile?
Diàndòngchē xiūhǎo le ma?

162 我怎么能不来呢？ How could I fail to come?
Wǒ zěnme néng bù lái ne?

163 我们快进电影院去吧。
Wǒmen kuài jìn diànyǐngyuàn qu ba.
Let's go into the cinema right now.

23 对不起 I AM SORRY

164 | 星期天我买到一本新小说。
Xīngqītiān wǒ mǎi dào yì běn xīn xiǎoshuō.
I bought a new novel last Sunday.

二 会话 Conversations

1

大卫： 对不起，让你久等了。
Dàwèi: Duìbuqǐ, ràng nǐ jiǔ děng le.

玛丽： 我们约好八点，你怎么八点半才来？
Mǎlì: Wǒmen yuēhǎo bā diǎn, nǐ zěnme bā diǎn bàn cái lái?

大卫： 真抱歉，我来晚了。半路上我的
Dàwèi: Zhēn bàoqiàn, wǒ láiwǎn le. Bànlù shang wǒ de

电动车坏了。
diàndòngchē huài le.

玛丽： 修好了吗？
Mǎlì: Xiūhǎo le ma?

大卫： 修好了。
Dàwèi: Xiūhǎo le.

玛丽： 我想你可能不来了。
Mǎlì: Wǒ xiǎng nǐ kěnéng bù lái le.

大卫： 说好的，我怎么能不来呢？
Dàwèi: Shuōhǎo de, wǒ zěnme néng bù lái ne?

玛丽： 我们快进电影院去吧。
Mǎlì: Wǒmen kuài jìn diànyǐngyuàn qu ba.

大卫： 好。
Dàwèi: Hǎo.

2

玛丽：刘 京，还 你 词 典，用 的 时 间 太 长 了，
Mǎlì: Liú Jīng, huán nǐ cídiǎn, yòng de shíjiān tài cháng le,

请 原 谅！
qǐng yuánliàng!

刘京：没关系，你 用 吧。
Liú Jīng: Méi guānxi, nǐ yòng ba.

玛丽：谢 谢，不 用 了。星 期 天
Mǎlì: Xièxie, bú yòng le. Xīngqītiān

我 买 到 一 本 新 小 说。
wǒ mǎidào yì běn xīn xiǎoshuō.

刘京：英 文 的 还 是 中 文 的？
Liú Jīng: Yīngwén de háishi Zhōngwén de?

玛丽：英 文 的。很 有 意 思。
Mǎlì: Yīngwén de. Hěn yǒu yìsi.

刘京：我 能 看 懂 吗？
Liú Jīng: Wǒ néng kàndǒng ma?

玛丽：你 英 文 学 得 不 错，我 想 能 看 懂。
Mǎlì: Nǐ Yīngwén xué de búcuò, wǒ xiǎng néng kàndǒng.

刘京：那 借 我 看 看，行 吗？
Liú Jīng: Nà jiè wǒ kànkan, xíng ma?

玛丽：当 然 可 以。
Mǎlì: Dāngrán kěyǐ.

23 对不起 I AM SORRY

三 替换与扩展 Substitution and Extension

1. 替换 Substitution

（1）我们快进电影院去吧。

进电梯	进食堂
回学校	回家
上楼	下楼

（2）借我看看这本小说，行吗？

骑	辆	电动车
用	个	照相机
用	支	笔
用	支	胶棒

2. 扩展 Extension

（1）那 支 录 音 笔 弄 坏 了。
Nà zhī lùyīnbǐ nònghuài le.

（2）A：对 不 起，弄 脏 你 的 本 子 了。
Duìbuqǐ, nòngzāng nǐ de běnzi le.

B：没 什 么。
Méi shénme.

四 生词 New Words

| 1. | 对不起 | duìbuqǐ | 动 | I'm sorry |
| 2. | 让 | ràng | 动 | to let |

3.	久	jiǔ	形	long
4.	才	cái	副	just
5.	抱歉	bàoqiàn	形	sorry
6.	半路	bànlù	名	halfway
7.	电动车	diàndòngchē	名	electromobile
8.	坏	huài	形	bad, broken
9.	修	xiū	动	to fix, to repair
10.	电影院	diànyǐngyuàn	名	cinema
11.	小说	xiǎoshuō	名	novel
12.	约	yuē	动	to arrange
13.	可能	kěnéng	助动/形	may, can; possible
14.	还	huán	动	to return
15.	用	yòng	动	to use
16.	原谅	yuánliàng	动	to forgive
17.	没关系	méi guānxi		It doesn't matter.
18.	英文	Yīngwén	名	English
19.	借	jiè	动	to borrow
20.	电梯	diàntī	名	lift, elevator
21.	支	zhī	量	measure word for long, thin, inflexible objects
22.	胶棒	jiāobàng	名	glue stick
23.	录音笔	lùyīnbǐ	名	recording pen
24.	弄	nòng	动	to deal with, to do
25.	脏	zāng	形	dirty

五 语法　Grammar

1. 副词"就""才"　The adverbs "就" and "才"

　　副词"就""才"有时可以表示时间的早、晚、快、慢等。用在表示时间的词语后，"就"一般表示事情发生得早、快或进行得顺利；"才"相反，一般表示事情发生得晚、慢或进行得不顺利。例如：

The adverbs "就" and "才" are sometimes used to express such concepts as "early" "late" "quick" and "slow". When used after time expression, "就" normally indicates that an action has been completed earlier and sooner than expected or without a hitch, while the opposite is true of "才", e.g.

① 八点上课，他七点半就来了。（早）

　 八点上课，他八点十分才来。（晚）

② 昨天我去北京饭店，八点坐车，八点半就到了。（早）

　 今天我去北京饭店，八点坐车，九点才到。（晚）

2. 形容词"好"作结果补语　The adjective "好" as a complement of result

（1）表示动作完成或达到完善的地步。例如：
It indicates the completion or accomplishment of an action, e.g.

① 饭已经（yǐjīng, already）做好了。　　② 我一定要学好中文。

（2）"好"作结果补语，有时也表示"定"的意思。例如：
"好" as a complement of result occasionally means "定" (to settle down), e.g.

③ 我们说好了八点去。　　④ 时间约好了。

3. 趋向补语（2） The complement of direction (2)

（1）如果动词后既有趋向补语又有表示处所的宾语，处所宾语一定要放在动词和补语之间。例如：

If the verb is followed by both a complement of direction and a locational object, the object should be put between the verb and the complement, e.g.

> ① 你快下楼来吧。　　② 上课了，老师进教室来了。
> ③ 他到上海去了。　　④ 他回宿舍去了。

（2）如果是一般宾语（不表示处所），可放在动词和补语之间，也可放在补语之后，一般来说，动作未实现的在"来（去）"之前，已实现的在"来（去）"之后。例如：

An ordinary object (not indicating a place) may be put between the verb and the complement, or after the complement. As a rule, if the action is not accomplished, the object is put before "来（去）"; if the action is finished, however, the object is put after "来（去）", e.g.

> ⑤ 我想带照相机去。　　⑥ 他没买苹果来。
>   我带去了一个照相机。　　他买来了一斤苹果。

六 练习 Exercises

1. 给下面的对话填上适当的结果补语并朗读 Complete the following conversation with complements of result and then read aloud

A：小王，你的自行车修＿＿＿＿＿了吗？

B：还没修＿＿＿＿＿呢。你要用吗？

A：是。我想借一辆自行车，还没借＿＿＿＿＿。

B：小刘有一辆，你去问问他。

A：问过了，他的自行车也弄_____了。

B：真不巧。

2. 完成对话 Complete the following conversations

（1）A：_____，我来晚了。

B：上课十分钟了，为什么来晚了？

A：_____。

B：以后早点儿起床。请坐！

A：_____。

（2）A：请借我用一下儿你的词典。

B：_____。

A：他什么时候能还你？

B：_____，我去问问他。

A：不用了，我去借小王的吧。

B：_____。

3. 看图，用动词加"来"或"去"完成对话 Look at the pictures and complete the conversations with verbs plus "来" or "去"

（1）

A：小刘，你快_____吧，我在楼下等你。

B：我现在就_____。

（2）

A：八点了，你怎么还不＿＿＿＿＿？

B：今天星期天，我想晚一点儿＿＿＿＿＿。

（3）

A：小王在吗？

B：他不在。他＿＿＿＿＿家＿＿＿＿＿了。

A：他什么时候＿＿＿＿＿家＿＿＿＿＿的？

B：不知道。

（4）

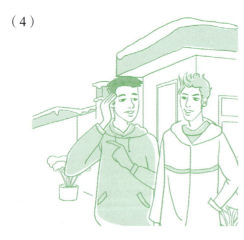

A：外边太冷，我们＿＿＿＿＿里边＿＿＿＿＿吧。

B：刚＿＿＿＿＿，一会儿再＿＿＿＿＿吧。

4. 会话　Make dialogues

（1）你借了同学的自行车，还车的时候你说你骑坏了自行车，表示道歉。
You have borrowed a bicycle from one of your classmates. You make an apology to him/her for having broken it down at the time when you return it to him/her.

（2）你的朋友要借你的照相机用用，你说别人借去了。
Your friend wants to borrow your camera. You tell him/her that you have lent it to somebody else.

5. 听后复述　Listen and retell

我和小王约好今天晚上去酒吧喝酒。下午我们两个人先去友谊商店买东西。从友谊商店出来以后，我去看一个朋友，小王去王府井。我在朋友家吃晚饭，六点半才从朋友家出来。到酒吧门口的时候，七点多了，小王正在那里等我。我说："来得太晚了，真抱歉，请原谅！"他说："没关系。"我们就一起进酒吧去了。

6. 语音练习　Phonetic drills

(1) 常用音节练习　Drills on the frequently used syllables

(2) 朗读会话　Read aloud the conversation

A: Māma, xiànzài wǒ chūqu kàn péngyou.

B: Shénme shíhou huílai?

A: Dàgài wǎnshang shí diǎn duō.

B: Tài wǎn le.

A: Wǒmen yǒu diǎnr shì, nín bié děng wǒ, nín xiān shuì.

B: Hǎo ba, bié tài wǎn le.

yíhàn
遗憾
REGRET

24 真遗憾，我没见到他

IT IS REALLY A PITY THAT I HAVEN'T SEEN HIM

一　句子　Sentences

165
地上怎么乱七八糟的？
Dìshang zěnme luànqībāzāo de?
Why does the floor look so messy?

166
是不是你出差没关窗户？
Shì bu shì nǐ chū chāi méi guān chuānghu?
Did you forget to close the windows before going out on a business trip?

167
忘了关窗户了。 I forgot to close the window.
Wàngle guān chuānghu le.

168
花瓶也摔碎了。 The vase is also broken.
Huāpíng yě shuāisuì le.

169
太可惜了！ What a pity!
Tài kěxī le!

170
公司有急事，让他马上回国。
Gōngsī yǒu jí shì, ràng tā mǎshàng huí guó.
Tell him to return from abroad immediately, because there is something urgent at the company.

171
他让我告诉你，多跟他联系。
Tā ràng wǒ gàosu nǐ, duō gēn tā liánxì.
He asked me to tell you to get in close touch with him.

24 真遗憾，我没见到他 IT IS REALLY A PITY THAT I HAVEN'T SEEN HIM

172 | 真遗憾，我没见到他。
Zhēn yíhàn, wǒ méi jiàndào tā.
It is really a pity that I haven't seen him.

二 会话 Conversations

1

尼娜：我两天不在，地上怎么乱七八糟的？
Nínà: Wǒ liǎng tiān bú zài, dìshang zěnme luànqībāzāo de?

丽英：是不是你出差没关窗户？昨天风很大。
Lìyīng: Shì bu shì nǐ chū chāi méi guān chuānghu? Zuótiān fēng hěn dà.

尼娜：哎呀，忘了关了，真糟糕！
Nínà: Āiyā, wàngle guān le, zhēn zāogāo!

丽英：以后出门一定要关好窗户。
Lìyīng: Yǐhòu chū mén yídìng yào guānhǎo chuānghu.

尼娜：你看，花瓶也摔碎了。
Nínà: Nǐ kàn, huāpíng yě shuāisuì le.

丽英：是大卫送给你的那个吗？
Lìyīng: Shì Dàwèi sòng gěi nǐ de nàge ma?

尼娜：是，那是他给我的生日礼物。
Nínà: Shì, nà shì tā gěi wǒ de shēngrì lǐwù.

丽英：太可惜了！
Lìyīng: Tài kěxī le!

2

刘京：昨天李成日回国了。
Liú Jīng: Zuótiān Lǐ Chéngrì huí guó le.

和子：我怎么不知道？
Hézǐ: Wǒ zěnme bù zhīdào?

刘京：公司有急事，让他
Liú Jīng: Gōngsī yǒu jí shì, ràng tā
马上回国。
mǎshàng huí guó.

和子：真不巧，我还有事找他呢。
Hézǐ: Zhēn bù qiǎo, wǒ hái yǒu shì zhǎo tā ne.

刘京：昨天我和他都给你打电话，可是你关
Liú Jīng: Zuótiān wǒ hé tā dōu gěi nǐ dǎ diànhuà, kěshì nǐ guān
机了。
jī le.

和子：不是，是我忘了充电，手机没电了。
Hézǐ: Bú shì, shì wǒ wàngle chōng diàn, shǒujī méi diàn le.

刘京：他让我告诉你，多跟他联系。
Liú Jīng: Tā ràng wǒ gàosu nǐ, duō gēn tā liánxì.

和子：真遗憾，我没见到他。
Hézǐ: Zhēn yíhàn, wǒ méi jiàndào tā.

24 真遗憾，我没见到他 IT IS REALLY A PITY THAT I HAVEN'T SEEN HIM

三 替换与扩展 Substitution and Extension

1. 替换 Substitution

(1) <u>公司</u>让他马上<u>回国</u>。

经理	出差
老师	翻译生词
玛丽	关窗户

(2) 他让我告诉你<u>多跟他联系</u>。

马上去开会
常给他打电话
明天见面
他回国了
常给他发电子邮件

2. 扩展 Extension

(1) 王 先 生 去 上 海 出 差 了，是 不 是？
　　Wáng xiānsheng qù Shànghǎi chū chāi le, shì bu shì?

(2) 我 家 的 花 儿 都 开 了，有 红 的、黄 的、
　　Wǒ jiā de huār dōu kāi le, yǒu hóng de、huáng de、

白 的，漂 亮 极 了。
bái de, piàoliang jí le.

REGRET 33

四 生词 New Words

1.	地	dì	名	floor, ground
2.	乱七八糟	luànqībāzāo		in a mess
3.	出差	chū chāi		to be on a business trip
4.	关	guān	动	to close
5.	窗户	chuānghu	名	window
6.	忘	wàng	动	to forget
7.	花瓶	huāpíng	名	vase
8.	摔	shuāi	动	to throw
9.	碎	suì	形	broken
10.	可惜	kěxī	形	pity
11.	急	jí	形	urgent
12.	马上	mǎshàng	副	at once, immediately
13.	联系	liánxì	动	to contact
14.	遗憾	yíhàn	形	sorry
15.	见	jiàn	动	to see
16.	风	fēng	名	wind
17.	糟糕	zāogāo	形	bad, terrible
18.	出门	chū mén		to go out
19.	礼物	lǐwù	名	present
20.	充电	chōng diàn		to charge up
21.	红	hóng	形	red

24 真遗憾，我没见到他　IT IS REALLY A PITY THAT I HAVEN'T SEEN HIM

| 22. | 黄 | huáng | 形 | yellow |
| 23. | 白 | bái | 形 | white |

专名　Proper Noun

| 尼娜 | Nínà | Nina (*name of a person*) |

五 语法　Grammar

1. "是不是"构成的正反疑问句　The affirmative-negative question with "是不是"

对某一事实或情况已有估计，为了进一步证实，就用"是不是"构成的疑问句提问。"是不是"可以在谓语前，也可在句首或句尾。例如：

The affirmative-negative question with "是不是" is used to confirm what the speaker already believes. "是不是" can be placed before the predicate or at the beginning of the sentence or at the end, e.g.

① 李成日先生是不是回国了？
② 是不是你的手机坏了？
③ 这个电影大家都看过了，是不是？

2. 用动词"让"的兼语句　The pivotal sentence with the verb "让"

跟用"请"的兼语句句式一样，动词"让"构成的兼语句也有要求别人做某事的意思。只是用"请"的兼语句用于比较客气的场合。例如：

Like a pivotal sentence with the verb "请", a pivotal sentence with the verb "让" also has the meaning of asking somebody to do somthing. The only difference is that the former is used in a more polite situation, e.g.

① 他让我带东西。　② 公司让他回国。

③ 我让他给我照张相。　④ 他让我告诉你，明天去他家。

六 练习 Exercises

1. 熟读下列短语并选择几个造句 Read up on the following expressions and make sentences with some of them

2. 完成对话（用上表示遗憾的词语） Complete the following conversations (using words expressing regret)

（1）A：听说你的手机坏了。

　　B：是啊，上个月刚买的。

　　A：_____。

（2）A：昨天晚上的杂技好极了，你怎么没去看？

　　B：我有急事，_____。

　　A：听说这个星期六还演呢。

　　B：那我一定去看。

24 真遗憾，我没见到他　IT IS REALLY A PITY THAT I HAVEN'T SEEN HIM

3. 按照实际情况回答问题　Answer the following questions according to the actual situations

（1）你汉语说得怎么样？

（2）昨天的课你复习没复习？

（3）今天你出门的时候，关好窗户了没有？

（4）你有没有遗憾的事？

4. 把下面对话中B的话改成用"是不是"的问句　Change the part B of the conversations into questions with "是不是"

（1）A：今天我去找小王，他不在。

　　　B：他大概回家了。→ _____

（2）A：不知道为什么飞机晚点了。

　　　B：我想可能是天气不好。→ _____

5. 听后复述　Listen and retell

　　昨天星期天，早上张老师去买菜。中午他爱人要做几个菜，请朋友们在家吃饭。

　　很快，菜就买回来了。红的、绿（lǜ, green）的、白的、黄的……他爱人看了说："这菜又新鲜（xīnxiān, fresh）又好看。"张老师说："好吃不好吃，就看你做得怎么样了！"他爱人说："让你买的肉（ròu, meat）呢？没有肉我怎么做呀？"张老师说："糟糕，我买的肉没拿，交了钱就走了。"他爱人说："那你去找找吧。今天的菜好吃不好吃，就看你了！"

6. 语音练习　Phonetic drills

(1) 常用音节练习　Drills on the frequently used syllables

(2) 朗读会话　Read aloud the conversation

A: Nǐ de xīn zìxíngchē zhēn piàoliang!

B: Kěshì huài le.

A: Zhēn kěxī, néng xiūhǎo ma?

B: Bù zhīdào.

A: Xiūxiu ba, kàn zěnmeyàng.

B: Hǎo.

chēngzàn
称赞
PRAISE

25 这张画儿真美

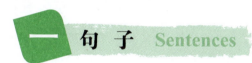
THIS PAINTING IS REALLY BEAUTIFUL

一 句子 Sentences

173 你的房间布置得好极了。
Nǐ de fángjiān bùzhì de hǎojí le.
Your room is beautifully decorated.

174 这张画儿真美!
Zhè zhāng huàr zhēn měi!
This picture is really beautiful!

175 你的房间又干净又漂亮。
Nǐ de fángjiān yòu gānjìng yòu piàoliang.
Your room is clean and beautiful.

176 今天没有人来。 Nobody will come today.
Jīntiān méiyǒu rén lái.

177 你的衣服更漂亮。 Your dress is even prettier.
Nǐ de yīfu gèng piàoliang.

178 这件衣服不是买的,是我妈妈做的。
Zhè jiàn yīfu bú shì mǎi de, shì wǒ māma zuò de.
This dress was not bought but made by my mother.

PRAISE 39

179 你 妈妈 的 手 真 巧。
Nǐ māma de shǒu zhēn qiǎo.
Your mother is really skillful with her hands.

180 要是 你 喜欢，就 给 你 女朋友 做 一 件。
Yàoshi nǐ xǐhuan, jiù gěi nǐ nǚpéngyou zuò yí jiàn.
If you like the dress, why won't you have one made for your girlfriend?

二 会 话 Conversations

1

王兰： 你 的 房间 布置 得 好极 了。
Wáng Lán: Nǐ de fángjiān bùzhì de hǎojí le.

玛丽： 哪儿 啊，马马虎虎。
Mǎlì: Nǎr a, mǎmǎhūhū.

王兰： 桌子 放 在 这儿，写 字 看 书 都 很 好。
Wáng Lán: Zhuōzi fàng zài zhèr, xiě zì kàn shū dōu hěn hǎo.

玛丽： 你 看，衣柜 放 在 床 旁边，怎么样？
Mǎlì: Nǐ kàn, yīguì fàng zài chuáng pángbiān, zěnmeyàng?

王兰： 很 好。拿 东西 很 方便。
Wáng Lán: Hěn hǎo. Ná dōngxi hěn fāngbiàn.

沙发 放 在 书桌 东边，
Shāfā fàng zài shūzhuō dōngbian,

也 很 合适。
yě hěn héshì.

25 这张画儿真美 THIS PAINTING IS REALLY BEAUTIFUL

王兰: 这张画儿真美!
Wáng Lán: Zhè zhāng huàr zhēn měi!

玛丽: 是吗?刚买的。
Mǎlì: Shì ma? Gāng mǎi de.

王兰: 你的房间又干净又漂亮。今天谁来啊?
Wáng Lán: Nǐ de fángjiān yòu gānjìng yòu piàoliang. Jīntiān shéi lái a?

玛丽: 没有人来。新年快到了。
Mǎlì: Méiyǒu rén lái. Xīnnián kuài dào le.

王兰: 啊,明天晚上有音乐会。
Wáng Lán: Ā, míngtiān wǎnshang yǒu yīnyuèhuì.

玛丽: 真的?那明天晚上我们去听音乐吧。
Mǎlì: Zhēn de? Nà míngtiān wǎnshang wǒmen qù tīng yīnyuè ba.

2

王兰: 你今天穿得真漂亮!
Wáng Lán: Nǐ jīntiān chuān de zhēn piàoliang!

玛丽: 是吗?过新年了嘛。① 你的衣服更漂亮,在哪儿买的?
Mǎlì: Shì ma? Guò xīnnián le ma. Nǐ de yīfu gèng piàoliang, zài nǎr mǎi de?

王兰: 不是买的,是我妈妈做的。
Wáng Lán: Bú shì mǎi de, shì wǒ māma zuò de.

玛丽: 你妈妈的手真巧!衣服的样子也
Mǎlì: Nǐ māma de shǒu zhēn qiǎo! Yīfu de yàngzi yě

很 好。
hěn hǎo.

王兰：我也觉得不错。
Wáng Lán: Wǒ yě juéde búcuò.

刘京：我很喜欢这个颜色。
Liú Jīng: Wǒ hěn xǐhuan zhège yánsè.

玛丽：要是你喜欢，就给你女朋友做一件。
Mǎlì: Yàoshi nǐ xǐhuan, jiù gěi nǐ nǚpéngyou zuò yí jiàn.

刘京：我还没有女朋友呢。
Liú Jīng: Wǒ hái méiyǒu nǚpéngyou ne.

注释 Note

① 过新年了嘛。 Obviously for the New Year.

语气助词"嘛"表示一种"道理显而易见""理应如此"的语气。
The modal particle "嘛" has the connotation of "for the obvious reason", "it goes without saying".

三 替换与扩展 Substitution and Extension

1. 替换 Substitution

（1）你的<u>房间</u>又<u>干净</u>又<u>漂亮</u>。

英文书	容易	有意思
衣服	便宜	好看
女朋友	高	漂亮

42 称赞

25 这张画儿真美 THIS PAINTING IS REALLY BEAUTIFUL

(2) 这<u>件</u> <u>衣服</u>不是买的，
是<u>我妈妈 做</u>的。

个	菜	我自己	做
张	画儿	朋友	画
辆	自行车	我哥哥	借

(3) 我很喜欢这<u>个</u> <u>颜色</u>。

个	孩子	些	花儿
张	照片	辆	汽车
支	铅笔	块	手表

2. 扩展 Extension

(1) 要是明天天气好，我们就去公园 划 船。
Yàoshi míngtiān tiānqì hǎo, wǒmen jiù qù gōngyuán huá chuán.

(2) A：今天他们两个怎么穿得这么漂亮？
Jīntiān tāmen liǎng ge zěnme chuān de zhème piàoliang?

B：结婚嘛。
Jié hūn ma.

四 生词 New Words

1.	布置	bùzhì	动	to decorate
2.	画儿	huàr	名	painting, drawing
3.	美	měi	形	beautiful, pretty
4.	又	yòu	副	also

5.	更	gèng	副	more, even more
6.	手	shǒu	名	hand
7.	要是	yàoshi	连	if
8.	马马虎虎	mǎmǎhūhū	形	careless
9.	桌子	zhuōzi	名	desk, table
10.	放	fàng	动	to put, to place
11.	衣柜	yīguì	名	wardrobe
12.	方便	fāngbiàn	形	convenient, easy
13.	沙发	shāfā	名	sofa
14.	合适	héshì	形	appropriate
15.	嘛	ma	助	modal particle indicating that sth. is obvious
16.	样子	yàngzi	名	shape, appearance
17.	觉得	juéde	动	to feel, to think
18.	颜色	yánsè	名	colour
19.	容易	róngyì	形	easy
20.	自己	zìjǐ	代	oneself
21.	画	huà	动	to draw
22.	些	xiē	量	some
23.	铅笔	qiānbǐ	名	pencil
24.	手表	shǒubiǎo	名	watch
25.	这么	zhème	代	like this, such

25 这张画儿真美　THIS PAINTING IS REALLY BEAUTIFUL

五　语法　Grammar

1. 又……又……　both...and...

表示两种情况或性质同时存在。例如：
This structure expresses the co-existence of two circumstances or characteristics, e.g.

① 你的房间又干净又漂亮。　② 那儿的东西又便宜又好。

③ 他的汉字写得又好又快。

2. 要是……就……　if...then...

"要是"表示假设，后一分句常用副词"就"来承接上文，得出结论。例如：
"要是" introduces a supposition, and the adverb "就", which links the clause that follows it to the one that precedes it, is often used to elicit a conclusion, e.g.

① 你要是有那本小说就带来。

② 要是明天不上课，我们就去北海公园。

③ 你要是有时间，就来我家玩儿。

六　练习　Exercises

1. 回答问题（用上所给的词语）　Answer the following questions (using the given words)

（1）北海公园怎么样？（又……又……）

（2）这个星期天你去公园玩儿吗？（要是……就……）

(3) 为什么你喜欢这件衣服？（喜欢　颜色）

(4) 这套书是你买的吗？（不是……，是……）

2. 完成句子（用上"很""真""极了""更""太……了"） Complete the following sentences (using "很""真""极了""更" or "太……了")

(1) 这个句子＿＿＿＿＿＿＿＿＿，大家都会翻译。

(2) 她很会做中国菜，她做的鱼＿＿＿＿＿＿＿＿＿。

(3) 今天天气＿＿＿＿＿＿＿，听说明天天气＿＿＿＿＿＿＿。我们应该出去玩儿玩儿。

(4) 你这张照片＿＿＿＿＿＿＿＿，人很漂亮，那些花儿也很美。

3. 用所给词语完成句子 Complete the following sentences with the given words or expressions

(1) 那个商店的东西＿＿＿＿＿＿＿＿＿＿。（又……又……）

(2) 这种橘子＿＿＿＿＿＿＿＿＿。（又……又……）

(3) 要是我有钱，＿＿＿＿＿＿＿＿＿。（就）

(4) 要是明天天气不好，＿＿＿＿＿＿＿＿＿。（就）

4. 完成对话 Complete the following conversations

(1) A：你看，这套西服（xīfú, suit, western suit）怎么样？

B：＿＿＿＿＿＿＿＿＿＿，贵吗？

A：不太贵。

B：＿＿＿＿＿＿＿＿＿＿，还有吗？

A：怎么？你也想买吗？

B：是啊，＿＿＿＿＿＿＿＿＿。

25 这张画儿真美 THIS PAINTING IS REALLY BEAUTIFUL

（2）A：你的字写得真好！

　　　B：_____，你写得更好。

　　　A：_____，我刚学。

5. 听后复述　Listen and retell

玛丽的毛衣是新疆（Xīnjiāng, Xinjiang Uygur Autonomous Region）生产（shēngchǎn, to produce）的，样子好看，颜色也漂亮。大卫说，新疆的水果（shuǐguǒ, fruit）和饭菜也好吃极了。玛丽听了很高兴。她约大卫今年七月去新疆。在新疆可以玩儿，可以吃很多好吃的东西。大卫让玛丽别吃得太多，要是吃得太多，回来以后就不能穿那件毛衣了。

6. 语音练习　Phonetic drills

（1）常用音节练习　Drills on the frequently used syllables

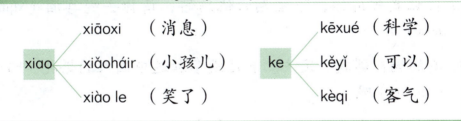

（2）朗读会话　Read aloud the conversation

　　A: Zhèxiē huār shì mǎi de ma?

　　B: Bú shì mǎi de, shì wǒ zuò de.

　　A: Nǐ de shǒu zhēn qiǎo!

　　B: Nǎr a, wǒ gāng xué.

　　A: Shì gēn Hézǐ xué de ma?

　　B: Bú shì, shì gēn yí ge Zhōngguó tóngxué xué de.

复习（五）

REVIEW (Ⅴ)

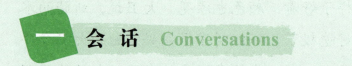

1

A：刚才小林来找你，你不在。

B：我去朋友那儿，刚回来。他有事吗？

A：他让我告诉你，下星期六他结婚，请你去喝喜酒（xǐjiǔ, wedding feast）。

B：真的吗？那我一定去。我还没参加过中国人的婚礼（hūnlǐ, wedding ceremony）呢。

A：下星期六我来找你，我们一起去。

B：好的。

2

A：你怎么了？病（bìng, to get sick）了吗？

B：是的。真遗憾，今天我不能去参加小林的婚礼了。

A：你就在宿舍休息吧，我一个人去。再见！

B：再见！

3

A：可以进来吗？

B：请进。

A：你看，谁来了？

B：啊，小林！对不起，那天我病了，没去参加你们的婚礼。

林：没关系。你的病好了吗？

B：好了。

林：今天我给你送喜糖（xǐtáng, wedding sweets）来了。

B：谢谢你！听说你爱人很漂亮。

A：她还会唱歌跳舞呢。那天唱得好听极了。他们还表演（biǎoyǎn, to perform）了两个人吃一块糖。

林：你别听他的。

B：那是接吻（jiē wěn, to kiss）吗？

A：是的，中国人不在别人面前（miànqián, in front of）接吻，这是结婚的时候大家闹着玩儿（nào zhe wánr, to do something for fun）的。

二 语法 Grammar

语气助词"了"与动态助词"了"　The modal particle "了" and the aspect particle "了"

（1）语气助词"了"用在句尾，强调某事或某情况已经发生；动态助词"了"用在动词后，强调这个动作已经完成或肯定要完成。例如：
The modal particle "了" is put at the end of a sentence to emphasize that a thing or

a situation has already occurred, whereas the aspect particle "了" is put after the verb to emphasize that the action is completed or is sure to be completed, e.g.

① A：昨天你去哪儿了？
B：我去商场（shāngchǎng, shopping mall）了。
（肯定这件事已发生
The thing has already occurred for sure.）

② A：你买了什么东西？
B：我买了一套衣服。
（"买"的动作已完成
The action is completed.）

（2）动词后既有动态助词"了"，又有简单宾语时，宾语前一般要有数量词或其他定语，或者有比较复杂的状语，才能成句。例如：

If the verb is followed by the aspect particle "了" and a simple object, a quantifier or some other attributive or a more complicated adverbial is normally used before the object to make the sentence grammatically correct, e.g.

③ 我买了一件毛衣。
④ 他做了很好吃的菜。
⑤ 我很快地转告了她。

（3）不表示具体动作的动词"是""在""像"等和表示存在的"有"，一般不用动态助词"了"。

Stative verbs such as "是" "在" and "像" and the existential verb "有" do not take the aspect particle "了".

（4）不表示具体动作的动词谓语句、一般的动词谓语句否定式和形容词谓语句等，句尾都可带"了"，表示变化。例如：

The sentence with a stative verbal predicate, the negative form of the sentence with a verbal predicate and the sentence with an adjectival predicate may all end with "了" to express that things have changed, e.g.

⑥ 现在是冬天（dōngtiān, winter）了，天气冷了。
⑦ 他现在不是学生，是老师了。
⑧ 我不去玛丽那儿了。

三 练习 Exercises

1. 按照实际情况回答问题 Answer the following questions according to the actual situations

(1) 现在你正在做什么？昨天这个时候你在做什么？

(2) 到中国以后，你都去哪儿了？买了什么？

(3) 你说汉语说得怎么样？汉字会不会写？

(4) 你有没有觉得遗憾的事？请说一说。

2. 会话 Make dialogues

(1) 称赞 Praise （衣服、吃的、房间）

多好（漂亮、美、好看）啊！	哪儿啊！
真好吃（干净……）！	马马虎虎！
……极了！	是吗？
又……又……	

(2) 道歉 Apology （来晚了、弄坏了东西、弄脏了东西）

对不起！	没关系。
请原谅！	没什么。
真抱歉！	

(3) 遗憾 Regret （好的地方没去、喜欢的东西没买到）

太可惜了！　　真不巧！　　真遗憾！

3. 完成对话 Complete the following conversations

（1）A：喂，玛丽吗？今天我请你吃晚饭。

　　B：真的吗？_____？

　　A：北京饭店。_____。

　　B：不用接我，七点我自己去。

（2）A：昨天的话剧好极了，你怎么没去看啊？

　　B：_____。_____！这个星期还演吗？

　　A：可能还演，你可以打电话问问。

4. 语音练习 Phonetic drills

（1）声调练习：第二声+第四声 Drills on tones: 2nd tone + 4th tone

　　yíhàn　　（遗憾）

　　búyào (don't) yíhàn　　（不要遗憾）

　　yídìng búyào yíhàn　　（一定不要遗憾）

（2）朗读会话 Read aloud the conversation

　　A: Zhè jiàn máoyī zhēn piàoliang, wǒ hěn xǐhuan zhège yánsè.

　　B: Kěxī yǒudiǎnr duǎn.

　　A: (Duì C) Nǐ bāng wǒ kànkan, yǒu cháng diǎnr de ma?

　　C: Méiyǒu.

　　A: Zhēn yíhàn.

四 阅读短文 Reading Passage

　　我昨天晚上到北京。今天早上我对姐姐说，我出去玩儿玩儿。姐姐说："你很累了，昨天晚上也没睡好觉，你今天在家休息，明天我带你去玩儿。"我在家觉得没意思，姐姐出去买东西的时候，我就一个人出去了。

　　北京这个地方很大，我第一次来，也不认识路。我走到一个公园门口，就进去了。

　　公园里的花儿开得漂亮极了。玩儿了一会儿我觉得累了，就坐在长椅（chángyǐ, bench）上休息。

　　"喂，要关门（guān mén, to close the door）了，快回去吧！"一个公园里的人叫我。哎呀，刚才我睡着（shuìzháo, to fall asleep）了。现在已经（yǐjīng, already）很晚了，我想姐姐一定在找我呢，得（děi, have to）快回家了。

zhùhè
祝贺
CONGRATULATION

26 祝贺你

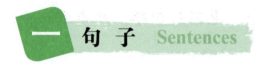
CONGRATULATIONS

一 句子 Sentences

181 这次考试，成绩还可以。
Zhè cì kǎoshì, chéngjì hái kěyǐ.
The result of this examination is quite good.

182 他的成绩全班第一。
Tā de chéngjì quán bān dì-yī.
He came out first in the exam for the whole class.

183 考得真好，祝贺你！
Kǎo de zhēn hǎo, zhùhè nǐ!
Congratulate you on the success in the exam!

184 祝你生日快乐！ Happy birthday to you!
Zhù nǐ shēngrì kuàilè!

185 祝你身体健康！ I wish you good health.
Zhù nǐ shēntǐ jiànkāng!

186 尼娜有事来不了。
Nínà yǒu shì lái bu liǎo.
Nina will not be able to come because she is engaged.

187 我送你一件礼物，请收下。
Wǒ sòng nǐ yí jiàn lǐwù, qǐng shōuxià.
I give you a gift. Please accept it.

26 祝贺你 CONGRATULATIONS

188 你打开盒子看看。
Nǐ dǎkāi hézi kànkan.
Please open the box and have a look.

二 会话 Conversations

1

刘京：这次考试成绩怎么样？
Liú Jīng: Zhè cì kǎoshì chéngjì zěnmeyàng?

大卫：还可以。笔试九十分，口试八十五分。
Dàwèi: Hái kěyǐ. Bǐshì jiǔshí fēn, kǒushì bāshíwǔ fēn.

玛丽：你知道吗？他的成绩全班第一。
Mǎlì: Nǐ zhīdào ma? Tā de chéngjì quán bān dì-yī.

刘京：考得真好，祝贺你！
Liú Jīng: Kǎo de zhēn hǎo, zhùhè nǐ!

大卫：玛丽考得也不错。
Dàwèi: Mǎlì kǎo de yě búcuò.

玛丽：这要感谢刘京和
Mǎlì: Zhè yào gǎnxiè Liú Jīng hé

王兰的帮助。
Wáng Lán de bāngzhù.

2

玛丽：王兰，祝你生日快乐！
Mǎlì: Wáng Lán, zhù nǐ shēngrì kuàilè!

刘京：我们送你一个生日蛋糕。祝你身体健康！
Liú Jīng: Wǒmen sòng nǐ yí ge shēngrì dàngāo. Zhù nǐ shēntǐ jiànkāng!

王兰：谢谢！
Wáng Lán: Xièxie!

大卫：这是我给你的花儿。
Dàwèi: Zhè shì wǒ gěi nǐ de huār.

王兰：这些花儿真漂亮。
Wáng Lán: Zhèxiē huār zhēn piàoliang.

大卫：尼娜有事来不了。
Dàwèi: Nínà yǒu shì lái bu liǎo.

王兰：我知道，她给我发微信了。
Wáng Lán: Wǒ zhīdào, tā gěi wǒ fā wēixìn le.

和子：我送你一件礼物，请收下。
Hézǐ: Wǒ sòng nǐ yí jiàn lǐwù, qǐng shōuxià.

刘京：你知道她送的是什么吗？
Liú Jīng: Nǐ zhīdào tā sòng de shì shénme ma?

王兰：不知道。
Wáng Lán: Bù zhīdào.

26 祝贺你 CONGRATULATIONS

和子： 你打开盒子看看。
Hézǐ: Nǐ dǎkāi hézi kànkan.

王兰： 啊，是一只小狗。
Wáng Lán: À, shì yì zhī xiǎo gǒu.

刘京： 这个小东西多可爱啊！①
Liú Jīng: Zhège xiǎo dōngxi duō kě'ài a!

注释 Note

① 这个小东西多可爱啊！ How lovely is this little thing!

"小东西"这里指的是玩具"小狗"。有时"小东西"也可指人或动物，并含有喜爱的感情。

"小东西" here refers to a toy puppy, sometimes it may refer to a person or an animal with affection.

三 替换与扩展 Substitution and Extension

1. 替换 Substitution

(1) 祝你<u>生日快乐</u>！

| 新年快乐 | 身体健康 |
| 生活幸福 | 工作顺利 |

(2) 你打开<u>盒子 看看</u>。

| 衣柜 | 找 | 窗户 | 看 |
| 邮箱 | 看 | 门 | 看 |

(3) 这个<u>小东西</u>多<u>可爱</u>啊！ 公园　美　　问题　难
鱼　　好吃　地方　好玩儿

2. 扩展 Extension

(1) 今天 玛丽 的 一 个 朋友 结 婚，玛丽 发 了 微信
Jīntiān Mǎlì de yí ge péngyou jié hūn, Mǎlì fāle wēixìn
祝贺 他们。
zhùhè tāmen.

(2) 祝 你们 新婚 愉 快， 生活 幸福！
Zhù nǐmen xīnhūn yúkuài, shēnghuó xìngfú!

四 生词 New Words

1.	成绩	chéngjì	名	result, achievement
2.	全	quán	形/副	all, very; entirely, completely
3.	班	bān	名	class
4.	考	kǎo	动	to give (or take) an examination
5.	祝贺	zhùhè	动	to congratulate
6.	祝	zhù	动	to congratulate
7.	快乐	kuàilè	形	happy
8.	了	liǎo	动	used in conjunction with "得" and "不" after a verb to express possibility
9.	打开	dǎkāi		to open
10.	盒子	hézi	名	box

11.	笔试	bǐshì	名	written exam
12.	分	fēn	名	credit points, mark
13.	口试	kǒushì	名	oral exam
14.	蛋糕	dàngāo	名	cake
15.	只	zhī	量	measure word for animals
16.	狗	gǒu	名	dog
17.	可爱	kě'ài	形	lovely
18.	幸福	xìngfú	形/名	happy; happiness
19.	门	mén	名	door, gate
20.	问题	wèntí	名	problem, question
21.	难	nán	形	difficult, hard
22.	新婚	xīnhūn	动	newly-wed

五 语法 Grammar

1. 可能补语（1） The complement of potential (1)

在动词和结果补语之间加上结构助词"得"，就构成了表示可能的可能补语。如"修得好""打得开"，就是"能修好""能打开"的意思。它的否定式是将中间的"得"换成"不"，如"修不好""打不开"等。

A complement of potential is usually formed by inserting the structural particle "得" between the verb and the complement of result, e.g. "修得好" "打得开" which mean "能修好" and "能打开" respectively. Its negative form is realized by the replacement of "得" with "不", e.g. "修不好" "打不开", and so on.

2. 动词"了"作可能补语　The verb "了" as a complement of potential

（1）动词"了"表示"完毕"或"结束"的意思。常用在动词后，构成可能补语，表示对行为实现的可能性作出估计。例如：

The verb "了" means "to finish" "to complete". It is often put after the verb to form a complement of potential. Such a construction makes assessment of the possible execution of an action. e.g.

> ① 明天你去得了公园吗？　　② 他病了，今天来不了了。

（2）有时作可能补语仍旧表示"完毕"的意思。例如：
Though used as a complement of potential, sometimes it still means "completion", e.g.

> ③ 这么多菜，我一个人吃不了。
> ④ 做这点儿练习，用不了半个小时。

3. "开""下"作结果补语　"开" and "下" as complements of result

A. 动词"开"作结果补语　The verb "开" as a complement of result

（1）表示通过动作使合拢、连接的东西分开。例如：
To cause something folded or fastened to become open through an activity, e.g.

> ① 她打开衣柜拿了一件衣服。
> ② 请打开书，看第十五页（yè, page）。

（2）表示通过动作，使人或物离开某处。例如：
To get a person or a thing away from its original place through an activity, e.g.

> ③ 车来了，快走开！
> ④ 快拿开桌子上的东西。

B. 动词"下"作结果补语　The verb "下" as a complement of result

（1）表示人或事物随动作从高处到低处。例如：
To indicate a downward movement, e.g.

⑤你坐下吧。
⑥他放下书就去吃饭了。

（2）使某人或某物固定在某处。例如：
To make somebody or something stay in place, e.g.

⑦写下你的电话号码。
⑧请收下这个礼物吧。

六 练习 Exercises

1. 熟读下列短语并选择几个造句 Read up on the following expressions and make sentences with some of them

全班	生活幸福	买礼物	来得了
全家	全家幸福	送礼物	来不了
全校	幸福的生活	生日礼物	吃得了
全国	幸福的孩子	结婚礼物	吃不了

2. 用"多……啊"完成句子 Complete the following sentences with "多……啊"

（1）这件衣服的颜色＿＿＿＿＿＿＿＿＿＿。

（2）上课的时候，我去晚了，你知道我＿＿＿＿＿＿＿＿＿＿！

（3）你没去过长城？那＿＿＿＿＿＿＿＿＿＿！

（4）你爸爸、妈妈都很健康，你们全家＿＿＿＿＿＿＿＿＿＿！

（5）你新买的自行车坏了，＿＿＿＿＿＿＿＿＿＿！

3. 完成对话（用上祝愿、祝贺的话） Complete the following conversations (using words expressing good wishes or congratulations)

（1）A：听说你的两张画儿参加了画展，_____！

　　　B：谢谢！欢迎参观。

（2）A：明天要考试了。

　　　B：_____！

（3）A：我妈妈来了，我明天陪她出去玩儿玩儿。

　　　B：_____！

4. 用结果补语或可能补语完成句子 Complete the following sentences with the complements of result or potential

（1）房间里太热了，请_____。

（2）这是他给你的礼物，请_____。

（3）我的手表坏了，_____？

（4）这么多菜，我们_____。

（5）这件衣服真脏，_____？

（6）明天的会你_____？

5. 会话 Make dialogues

（1）你朋友考试成绩很好，你向他/她祝贺。
　　 Your friend got a good mark in exam, and you would congratulate him/her.

（2）你的朋友结婚，你去祝贺他/她。
　　 Your friend got married, and you went to congratulate him/her.

26 祝贺你 CONGRATULATIONS

6. 听后复述 Listen and retell

上星期英语系的同学用英语唱歌、演话剧（huàjù, stage play）。王兰、刘京都参加了。那些同学的英语说得真好，歌唱得更好。以后我们要是能用汉语演话剧就好了。

刘京他们班演的话剧是全系第一，王兰唱歌是第三。我们高兴极了，都去祝贺他们。

7. 语音练习 Phonetic drills

(1) 常用音节练习 Drills on the frequently used syllables

(2) 朗读会话 Read aloud the conversation

A: Xīnnián hǎo!

B: Xīnnián hǎo! Zhù nǐ xīnnián kuàilè!

A: Zhù nǐmen quán jiā xìngfú!

B: Zhù nǐmen shēntǐ jiànkāng, shēnghuó yúkuài!

A: Xièxie!

quàngào
劝告
PERSUASION

27 你别抽烟了
PLEASE DON'T SMOKE

一 句子 Sentences

189 我有点儿咳嗽。 I have a cough.
Wǒ yǒudiǎnr késou.

190 你别抽烟了。 Please don't smoke.
Nǐ bié chōu yān le.

191 抽烟对身体不好。
Chōu yān duì shēntǐ bù hǎo.
Smoking is not good for your health.

192 你去医院看看吧。 You'd better go to a hospital.
Nǐ qù yīyuàn kànkan ba.

193 你开车开得太快了。 You drive too fast.
Nǐ kāi chē kāi de tài kuài le.

194 开快了容易出事故。
Kāikuàile róngyì chū shìgù.
You may have an accident if you drive fast.

195 昨天清华大学前边出交通事故了。
Zuótiān Qīnghuá Dàxué qiánbian chū jiāotōng shìgù le.
There was a traffic accident in front of Tsinghua University yesterday.

27 你别抽烟了　PLEASE DON'T SMOKE

196 你得注意安全啊！
Nǐ děi zhù yì ānquán a!
You must be careful about your own safety.

二 会话 Conversations

1

李红：老张①，你怎么了？
Lǐ Hóng: Lǎo Zhāng, nǐ zěnme le?

老张：没什么，有点儿咳嗽。
Lǎo Zhāng: Méi shénme, yǒudiǎnr késou.

李红：你别抽烟了。
Lǐ Hóng: Nǐ bié chōu yān le.

老张：我每天抽得不多。
Lǎo Zhāng: Wǒ měi tiān chōu de bù duō.

李红：那对身体也不好。
Lǐ Hóng: Nà duì shēntǐ yě bù hǎo.

老张：我想不抽，可是觉得不舒服。
Lǎo Zhāng: Wǒ xiǎng bù chōu, kěshì juéde bù shūfu.

李红：时间长了就习惯了。
Lǐ Hóng: Shíjiān chángle jiù xíguàn le.

老张：好，我试试。今天先吃点儿药。
Lǎo Zhāng: Hǎo, wǒ shìshi. Jīntiān xiān chī diǎnr yào.

李红：你去医院看看吧。
Lǐ Hóng: Nǐ qù yīyuàn kànkan ba.

2

王兰: 你开车开得太快了。这样不安全。
Wáng Lán: Nǐ kāi chē kāi de tài kuài le. Zhèyàng bù ānquán.

大卫: 我有事，得快点儿去。
Dàwèi: Wǒ yǒu shì, děi kuài diǎnr qù.

王兰: 那也不能开得这么快。
Wáng Lán: Nà yě bù néng kāi de zhème kuài.

大卫: 没关系。我开车的技术好。
Dàwèi: Méi guānxi. Wǒ kāi chē de jìshù hǎo.

王兰: 开快了容易出事故。昨天清华大学
Wáng Lán: Kāikuàile róngyì chū shìgù. Zuótiān Qīnghuá Dàxué

前边出交通事故了。
qiánbian chū jiāotōng shìgù le.

大卫: 真的吗？
Dàwèi: Zhēn de ma?

王兰: 你得注意安全啊！
Wáng Lán: Nǐ děi zhù yì ānquán a!

大卫: 好，我以后不开
Dàwèi: Hǎo, wǒ yǐhòu bù kāi

快车了。
kuài chē le.

注释　Note

① 老张　old Zhang

对五六十岁及以上的同事、朋友、邻居等，在姓氏前面加"老"用作称呼，其语气比直呼姓名亲切，对女性不常用。

It sounds more affectionate to address a colleague, friend or neighbour in his fifties or sixties by adding "老" before his name. "老" is not often used for women.

27 你别抽烟了 PLEASE DON'T SMOKE

替换与扩展 Substitution and Extension

1. 替换 Substitution

（1）你别<u>抽烟</u>了。

去那儿	喝酒
开快车	迟到

（2）你<u>开车</u> <u>开</u>得太<u>快</u>了。

写字	写	慢
睡觉	睡	晚
起床	起	早
说汉语	说	快

2. 扩展 Extension

（1）我 头 疼、咳 嗽，可 能 感 冒 了。一 会 儿 我 去
Wǒ tóu téng、késou, kěnéng gǎnmào le. Yíhuìr wǒ qù

医 院 看 病。
yīyuàn kàn bìng.

（2）每 个 人 都 要 注 意 交 通 安 全。
Měi ge rén dōu yào zhù yì jiāotōng ānquán.

（3）小 孩 子 不 要 在 马 路 上 玩 儿。
Xiǎoháizi búyào zài mǎlù shang wánr.

（4）长 时 间 看 手 机 对 眼 睛 不 好。
Cháng shíjiān kàn shǒujī duì yǎnjing bù hǎo.

四 生词 New Words

1.	有点儿	yǒudiǎnr	副	a little, slightly
2.	咳嗽	késou	动	to cough
3.	抽	chōu	动	to smoke
4.	烟	yān	名	cigarette
5.	医院	yīyuàn	名	hospital
6.	事故	shìgù	名	accident
7.	交通	jiāotōng	名	traffic
8.	得	děi	能愿	must, have to
9.	注意	zhù yì		to be careful
10.	安全	ānquán	形	safe
11.	每	měi	代	every
12.	舒服	shūfu	形	comfortable
13.	习惯	xíguàn	动/名	to be used to; habit
14.	药	yào	名	medicine
15.	技术	jìshù	名	technique
16.	迟到	chídào	动	to be late
17.	头	tóu	名	head
18.	疼	téng	形	painful, aching
19.	感冒	gǎnmào	动/名	to catch (a) cold; cold
20.	病	bìng	名/动	illness; to be sick
21.	不要	búyào	副	don't

| 22. | 马路 | mǎlù | 名 | street, road |
| 23. | 眼睛 | yǎnjing | 名 | eye |

五 语法 Grammar

1. "有点儿"作状语 "有点儿" as an adverbial adjunct

"有点儿"在动词或形容词前作状语，表示程度轻微，并带有不如意的意思。例如：
When used as an adverbial adjunct before a verb or an adjective, "有点儿" denotes "a slight degree" and carries a touch of dissatisfaction, e.g.

① 这件事有点儿麻烦。　② 今天有点儿热。
③ 他有点儿不高兴。

2. 存现句 The sentence expressing existence, appearance or disappearance

表示人或事物在某处存在、出现或消失的动词谓语句叫作存现句。例如：
This is a kind of sentences with a verbal predicate which describes the existence, appearance or disappearance of a person or thing, e.g.

① 昨天清华大学前边出交通事故了。
② 桌子上有一本汉英词典。
③ 前边走来一个外国人。
④ 上星期走了一个美国学生。

六 练习 Exercises

1. 用"有点儿"或"(一)点儿"填空 Fill in the blanks with "有点儿" or "(一)点儿"

(1) 这件衣服 _____ 长,请换一件短 _____ 的。

(2) 刚来中国的时候,我生活 _____ 不习惯,现在习惯 _____ 了。

(3) 现在这么忙,你应该注意 _____ 身体。

(4) 你病了,得去医院看看,吃 _____ 药。

(5) 他刚才喝了 _____ 酒,头 _____ 疼,现在已经好 _____ 了。

2. 完成对话 Complete the following conversations

(1) A: 我想骑车去北海公园。

B: 路太远,_____。

A: _____,我不累。

B: 路上车多人多,要 _____。

A: 我会的。

(2) A: 我们唱唱歌吧。

B: _____,现在十一点了,大家都要休息了。

A: 好,_____。

3. 会话(用上表示劝告的话) Make dialogues (using persuasive remarks)

(1) 有个人在公共汽车上抽烟,售票员和抽烟的人对话。
Between a conductor and a passenger who is smoking in the bus.

27 你别抽烟了 PLEASE DON'T SMOKE

（2）有一个参观的人要照相，可是这里不允许照相。你告诉他并劝阻他。
A visitor wants to take photos. You tell him that taking photos is forbidden here.

（3）有一个人骑车，车后还带了一个人，这在中国是不允许的。警察和骑车的人对话。
Between a policeman and a bike rider who takes a person at the back of his bike (which is not permitted in China).

4. 把下列句子改成存现句 Change the following sentences into sentences expressing existence, appearance or disappearance

例 Example 有两个人往这边走来了。 ➡ 前边来了两个人。

（1）有两个新同学来我们班了。
　➡ _____

（2）一支铅笔、一个本子放在桌子上。
　➡ _____

（3）两个中国朋友到我们宿舍来了。
　➡ _____

（4）一辆汽车从那边开来了。
　➡ _____

5. 听后复述 Listen and retell

　　昨天是刘京的生日，我们去他家给他祝贺。他妈妈做的菜很好吃。我们喝酒、吃饭、唱歌、跳舞，高兴极了。大家劝（quàn, to persuade）大卫别喝酒。为什么呢？他是骑摩托车（mótuōchē, motorcycle）去的。他要是喝酒，就太不安全了。

6. 语音练习　Phonetic drills

(1) 常用音节练习　Drills on the frequently used syllables

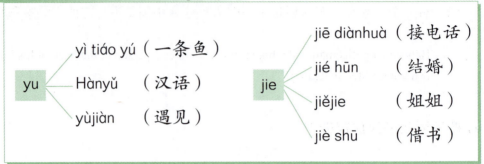

(2) 朗读会话　Read aloud the conversation

A: Bié jìnqu le.

B: Wèi shénme?

A: Tā yǒudiǎnr bù shūfu, shuì jiào le.

B: Nǐ zhīdào tā shì shénme bìng ma?

A: Gǎnmào.

B: Chī yào le ma?

A: Gāng chīguo.

bǐjiào
比较
COMPARISON

28 今天比昨天冷

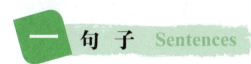

一 句子 Sentences

197 今天比昨天冷。It's colder today than it was yesterday.
Jīntiān bǐ zuótiān lěng.

198 这儿比东京冷多了。
Zhèr bǐ Dōngjīng lěng duō le.
It's much colder here than in Tokyo.

199 有时候下雨。It rains sometimes.
Yǒu shíhou xià yǔ.

200 天气预报说，明天有大风。
Tiānqì yùbào shuō, míngtiān yǒu dà fēng.
The weather forecast says that there will be strong winds tomorrow.

201 明天比今天还冷呢。
Míngtiān bǐ jīntiān hái lěng ne.
Tomorrow will be even colder than it is today.

202 你要多穿衣服。You should put on more clothes.
Nǐ yào duō chuān yīfu.

203 那儿的天气跟这儿一样吗？
Nàr de tiānqì gēn zhèr yíyàng ma?
Is the weather there the same as it is here?

COMPARISON 73

204 | 气温在零下二十多度。
Qìwēn zài líng xià èrshí duō dù.
The temperature is over 20 degrees below zero.

二 会话 Conversations

1

刘京：今天天气真冷。
Liú Jīng: Jīntiān tiānqì zhēn lěng.

和子：是啊。今天比昨天冷，
Hézǐ: Shì a. Jīntiān bǐ zuótiān lěng,

温度比昨天低五度。
wēndù bǐ zuótiān dī wǔ dù.

刘京：这儿的天气你习惯了吗？
Liú Jīng: Zhèr de tiānqì nǐ xíguàn le ma?

和子：还不太习惯呢。这儿比东京冷多了。
Hézǐ: Hái bú tài xíguàn ne. Zhèr bǐ Dōngjīng lěng duō le.

刘京：你们那儿冬天不太冷吧？
Liú Jīng: Nǐmen nàr dōngtiān bú tài lěng ba?

和子：是的。
Hézǐ: Shì de.

刘京：东京常下雪吗？
Liú Jīng: Dōngjīng cháng xià xuě ma?

和子：很少下雪。有时候下雨。
Hézǐ: Hěn shǎo xià xuě. Yǒu shíhou xià yǔ.

28 今天比昨天冷　IT IS COLDER TODAY THAN IT WAS YESTERDAY

刘京：天气预报说，明天有大风，比今天还冷呢。
Liú Jīng: Tiānqì yùbào shuō, míngtiān yǒu dà fēng, bǐ jīntiān hái lěng ne.

和子：是吗？
Hézǐ: Shì ma?

刘京：你要多穿衣服，别感冒了。
Liú Jīng: Nǐ yào duō chuān yīfu, bié gǎnmào le.

2

玛丽：张老师，北京的夏天热吗？
Mǎlì: Zhāng lǎoshī, Běijīng de xiàtiān rè ma?

张老师：很热。你们那儿跟这儿一样吗？
Zhāng lǎoshī: Hěn rè. Nǐmen nàr gēn zhèr yíyàng ma?

玛丽：不一样，夏天不热，冬天很冷。
Mǎlì: Bù yíyàng, xiàtiān bú rè, dōngtiān hěn lěng.

张老师：有多冷？
Zhāng lǎoshī: Yǒu duō lěng?

玛丽：零下二十多度。
Mǎlì: Líng xià èrshí duō dù.

张老师：真冷啊！
Zhāng lǎoshī: Zhēn lěng a!

玛丽：可是我喜欢冬天。
Mǎlì: Kěshì wǒ xǐhuan dōngtiān.

张老师：为什么？
Zhāng lǎoshī: Wèi shénme?

玛丽：可以滑冰、滑雪。
Mǎlì: Kěyǐ huá bīng、huá xuě.

三 替换与扩展 Substitution and Extension

1. 替换 Substitution

(1) <u>今天</u>比<u>昨天</u> <u>冷</u>。

这儿	那儿	暖和
这本书	那本书	旧
他	我	瘦

(2) <u>这儿</u>比<u>东京</u> <u>冷</u>多了。

这儿	那儿	凉快
这个练习	那个练习	难
这条路	那条路	远
这种咖啡	那种咖啡	好喝

(3) <u>明天</u>比<u>今天</u>还<u>冷</u>呢。

那儿的东西	这儿	贵
那个颜色	这个	好看
那个孩子	这个	胖

2. 扩展 Extension

(1) 欢迎 你 秋天 来 北京。那 时候 天气 最
　　Huānyíng nǐ qiūtiān lái Běijīng. Nà shíhou tiānqì zuì
　　好，不 冷 也 不 热。
　　hǎo, bù lěng yě bú rè.

(2) 北京 的 春天 常常 刮 风，不 常 下 雨。
　　Běijīng de chūntiān chángcháng guā fēng, bù cháng xià yǔ.

28 今天比昨天冷 IT IS COLDER TODAY THAN IT WAS YESTERDAY

四　生词　New Words

1.	比	bǐ	介	than
2.	有时候	yǒu shíhou		sometimes
3.	下	xià	动	to rain, to fall
4.	雨	yǔ	名	rain
5.	预报	yùbào	动 / 名	to forecast; forecast
6.	气温	qìwēn	名	temperature
7.	度	dù	量	degree
8.	温度	wēndù	名	temperature
9.	低	dī	形	low
10.	冬天	dōngtiān	名	winter
11.	雪	xuě	名	snow
12.	夏天	xiàtiān	名	summer
13.	滑	huá	动	to skate
14.	冰	bīng	名	ice
15.	暖和	nuǎnhuo	形	warm
16.	旧	jiù	形	old
17.	瘦	shòu	形	thin
18.	凉快	liángkuai	形	cool
19.	好喝	hǎohē	形	tasty
20.	胖	pàng	形	fat

21.	秋天	qiūtiān	名	autumn
22.	春天	chūntiān	名	spring
23.	刮	guā	动	to blow

五 语法 Grammar

1. 用"比"表示比较　The use of "比" for comparison

（1）介词"比"可以比较两个事物的性质、特点等。例如：
The preposition "比" may be used to compare the qualities, characteristics, etc. of two things, e.g.

① 他比我忙。
② 他二十岁，我十九岁，他比我大。
③ 今天比昨天暖和。
④ 大卫唱歌唱得比我好。

（2）要表示大概的差别，可以用"一点儿""一些"表示程度相差不大，或用"多了""得多"表示程度相差很大。例如：
If one wants to give an approximation, he can use "一点儿" or "一些" to state slight differences and "多了" or "得多" to denote big differences, e.g.

⑤ 他比我大一点儿（一些）。
⑥ 那儿比这儿冷多了。
⑦ 这个教室比那个教室大得多。
⑧ 她跳舞跳得比我好得多。

（3）用"比"的句子里不能再用"很""非常""太"等程度副词。例如，不能说"他比我很大""今天比昨天非常暖和"，等等。
Adverbs of degree such as "很""非常" and "太" cannot be used in a sentence with "比" for comparison. For example, it is not possible to say "他比我很大""今天比昨天非常暖和" and so on.

28 今天比昨天冷　IT IS COLDER TODAY THAN IT WAS YESTERDAY

2. 数量补语　The complement of quantity

在用"比"表示比较的形容词谓语中，如果要表示两个事物的具体差别，就在谓语后边加上数量词作补语。例如：

If one wants to show some specific differences between two things, he can add a quantifier at the end of the adjectival predicate in which "比" is used for comparison, e.g.

① 今天的温度比昨天低五度。　② 李红比我大两岁。
③ 他家比我家多两口人。

3. 用"多"表示概数　"多" indicating an approximate number

"多"用在数量词或数词后，表示比前面的数目略多。

"多" used after a quantifier or numeral to indicate a number slightly more than the given number.

（1）以 1—9 结尾的数词及数词 10，"多"用在数量词后表示"不足 1"的概数。例如：

"多" added to the numerals ending with 1–9 or the numeral 10 to indicate the approximate numbers less than 1, e.g.

两岁多（"多"不足一岁）　　　378米多长（"多"不足一米）
56块多（"多"不足一块钱）　　10个多月（"多"不足一个月）

（2）数词是以 0 结尾的，"多"用在数词后、量词前时，表示略大于前面数的概数（"多"表示 1 以上，10、100……以下，不够进位的整数）。例如：

"多" used after the numerals ending with 0 and before measure words to indicate an approximate number slightly more than the given number ("多" indicates an integer more than 1 but less than 10, 100…, which cannot be carried to the tens', hundreds' or thousands' place), e.g.

20多岁（"多"不足10岁）　　　580多人（"多"不足10人）
400多块钱（"多"不足100块钱）　10多斤重（"多"不足10斤）

六 练习 Exercises

1. 熟读下列短语并选择几个造句 Read up on the following expressions and make sentences with some of them

| 上楼 | 上飞机 | 上课 | 楼上 | 桌子上 | 上星期 |
| 下楼 | 下飞机 | 下课 | 楼下 | 床下 | 下星期 |

2. 给下面的词语选择适当的位置 Insert the given words into the following sentences at the suitable places

(1) 今天很冷，你要 A 穿 B 衣服。（多）

(2) 你 A 喝 B 点儿酒吧。（少）

(3) 以后我们 A 联系 B 。（多）

(4) 老师问你呢，你 A 回答 B！（快）

3. 用"比"改写句子 Rewrite the sentences with "比"

例 Example 我有五本书，他有二十本书。

→ 他的书比我多。/我的书比他少。

(1) 我二十四岁，他二十岁。

→ _____

(2) 昨天气温二十七度，今天二十五度。

→ _____

(3) 她的毛衣很好看，我的毛衣不好看。

→ _____

28 今天比昨天冷 IT IS COLDER TODAY THAN IT WAS YESTERDAY

（4）小王常常感冒，小刘很少有病。

　　➡ _____

4. 完成对话　Complete the following conversation

A：你怎么又感冒了？

B：这儿的春天 _____。（比　冷）

A：_____？

B：二十多度。

A：_____。（比　暖和）

B：这儿早上和晚上冷，中午暖和，_____。

A：时间长了，你就习惯了。

5. 回答问题　Answer the following questions

（1）今天三十四度，昨天三十度，今天比昨天高几度？

（2）张丽英家有五口人，王兰家只有三口人，张丽英家比王兰家多几口人？

（3）刘京二十三岁，王兰二十二岁，刘京比王兰大多了还是大一点儿？

（4）这个楼有四层，那个楼有十六层，那个楼比这个楼高多少层？

6. 听后复述　Listen and retell

　　人们都说春天好，春天是一年的开始（kāishǐ, to begin）。要是有一个好的开始，这一年就会很顺利。一天也是一样，早上是一天的开始。要是从早上就注意怎么样生活、学习、工作，这一天就会过得很好。

让我们都爱（ài, to love）春天、爱时间吧！要是不注意，以后会觉得遗憾的。

7. 语音练习 Phonetic drills

(1) 常用音节练习　Drills on the frequently used syllables

(2) 朗读会话　Read aloud the conversation

A: Jīnnián dōngtiān bù lěng.

B: Shì bǐ qùnián nuǎnhuo.

A: Dōngtiān tài nuǎnhuo bù hǎo.

B: Wèi shénme?

A: Róngyì yǒu bìng.

àihào
爱好
HOBBY

29 我也喜欢游泳
I ALSO LIKE SWIMMING

一 句子 Sentences

205 你喜欢什么运动？ What kind of sports do you like?
Nǐ xǐhuan shénme yùndòng?

206 爬山、滑冰、游泳，我都喜欢。
Pá shān、 huá bīng、 yóu yǒng, wǒ dōu xǐhuan.
Mountaineering, skating and swimming are all my favourite sports.

207 你游泳游得好不好？ Do you swim well?
Nǐ yóu yǒng yóu de hǎo bu hǎo?

208 我游得不好，没有你游得好。
Wǒ yóu de bù hǎo, méiyǒu nǐ yóu de hǎo.
I can't swim well. I can't swim as well as you can.

209 谁跟谁比赛？ Which teams are playing?
Shéi gēn shéi bǐsài?

210 北京队对广东队。
Běijīng Duì duì Guǎngdōng Duì.
The Beijing Team plays against the Guandong Team.

211 我在写毛笔字，没画画儿。
Wǒ zài xiě máobǐzì, méi huà huàr.
I am not drawing, but writing with a writing brush.

212　我 想 休 息 一 会 儿。 I want to have a rest.
　　　Wǒ xiǎng xiūxi yíhuìr.

二　会话 Conversations

1

刘京：你喜欢什么运动？
Liú Jīng: Nǐ xǐhuan shénme yùndòng?

大卫：爬山、滑冰、游泳，我都喜欢，你呢？
Dàwèi: Pá shān、huá bīng、yóu yǒng, wǒ dōu xǐhuan, nǐ ne?

刘京：我常常踢足球、打篮球，也喜欢游泳。
Liú Jīng: Wǒ chángcháng tī zúqiú、dǎ lánqiú, yě xǐhuan yóu yǒng.

大卫：你游得好不好？
Dàwèi: Nǐ yóu de hǎo bu hǎo?

刘京：我游得不好，没有你游得好。明天有足球比赛，你看吗？
Liú Jīng: Wǒ yóu de bù hǎo, méiyǒu nǐ yóu de hǎo. Míngtiān yǒu zúqiú bǐsài, nǐ kàn ma?

大卫：谁跟谁比赛？
Dàwèi: Shéi gēn shéi bǐsài?

刘京：北京队对广东队。
Liú Jīng: Běijīng Duì duì Guǎngdōng Duì.

29 我也喜欢游泳 | I ALSO LIKE SWIMMING

大卫: 那一定很有意思。我很想
Dàwèi: Nà yídìng hěn yǒu yìsi. Wǒ hěn xiǎng

看，票一定很难买吧？
kàn, piào yídìng hěn nán mǎi ba?

刘京: 现在去买，可能买得到。
Liú Jīng: Xiànzài qù mǎi, kěnéng mǎi de dào.

2

玛丽: 你在画画儿吗？
Mǎlì: Nǐ zài huà huàr ma?

大卫: 在写毛笔字，没画画儿。
Dàwèi: Zài xiě máobǐzì, méi huà huàr.

玛丽: 你写得真不错！
Mǎlì: Nǐ xiě de zhēn búcuò!

大卫: 练了两个星期了。我没有和子写得好。
Dàwèi: Liànle liǎng ge xīngqī le. Wǒ méiyǒu Hézǐ xiě de hǎo.

玛丽: 我也很喜欢写毛笔字，可是一点儿也不会。
Mǎlì: Wǒ yě hěn xǐhuan xiě máobǐzì, kěshì yìdiǎnr yě bú huì.

大卫: 没关系，你想学，王老师可以教你。
Dàwèi: Méi guānxi, nǐ xiǎng xué, Wáng lǎoshī kěyǐ jiāo nǐ.

玛丽: 那太好了！
Mǎlì: Nà tài hǎo le!

大卫: 写累了，我想休息一会儿。
Dàwèi: Xiělèi le, wǒ xiǎng xiūxi yíhuìr.

玛丽: 走，出去散散步吧。
Mǎlì: Zǒu, chūqu sànsan bù ba.

三 替换与扩展 Substitution and Extension

1. 替换 Substitution

(1) 你<u>游泳</u>游得<u>好</u>不<u>好</u>?

跑步	跑	快
打网球	打	好
滑雪	滑	好
回答问题	回答	对

(2) <u>票</u>一定很难<u>买</u>吧?

毛笔字	写
广东话	懂
中国画儿	画
汉语	学

(3) 我想<u>休息</u>一会儿。

| 坐 | 睡 | 站 | 躺 |

2. 扩展 Extension

(1) 放 假 的 时候, 他 常 去 旅行。
　　Fàng jià de shíhou, tā cháng qù lǚxíng.

(2) 他 每 天 早 上 打 太极拳, 晚饭 后 散 步。
　　Tā měi tiān zǎoshang dǎ tàijíquán, wǎnfàn hòu sàn bù.

(3) 糟糕, 我 的 钥匙 丢 了。
　　Zāogāo, wǒ de yàoshi diū le.

29 我也喜欢游泳　I ALSO LIKE SWIMMING

四　生词　New Words

1.	运动	yùndòng	名/动	sports; to exercise
2.	爬	pá	动	to climb
3.	山	shān	名	mountain
4.	游泳	yóu yǒng		to swim
5.	游	yóu	动	to swim
6.	比赛	bǐsài	动/名	to compete; match
7.	队	duì	名	team
8.	毛笔	máobǐ	名	writing brush
9.	踢	tī	动	to kick, to play (soccer)
10.	足球	zúqiú	名	soccer, football
11.	篮球	lánqiú	名	basketball
12.	练	liàn	动	to practise
13.	教	jiāo	动	to teach, to instruct
14.	散步	sàn bù		to take a walk
15.	跑步	pǎo bù		to jog
16.	回答	huídá	动	to answer
17.	话	huà	名	dialect, speech
18.	站	zhàn	动	to stand
19.	躺	tǎng	动	to lie
20.	放假	fàng jià		to be on vacation

21.	旅行	lǚxíng	动	to travel
22.	太极拳	tàijíquán	名	*taijiquan*
23.	钥匙	yàoshi	名	key
24.	丢	diū	动	to lose

专名 Proper Noun

| 广东 | Guǎngdōng | *a province of China* |

五 语法 Grammar

1. 用"有"或"没有"表示比较 The use of "有" or "没有" for comparison

动词"有"或其否定式"没有"可用于比较，表示达到或未达到某种程度，这种比较常用于疑问句和否定式。例如：

"有" or its negative form "没有" can be used in a comparison to show the level attained or not yet attained. This kind of comparison is often used in an interrogative sentence and in the negative form, e.g.

① 你有他高吗？

② 那棵（kē, *measure word*）树有五层楼那么高。

③ 广州没有北京冷。

④ 我没有你游得好。

29 我也喜欢游泳 I ALSO LIKE SWIMMING

2. 用"吧"的疑问句　The interrogative sentence with "吧"

如对某事有了一定的估计，但还不能肯定，就用语气助词"吧"提问。例如：
If one has only a rough knowledge about something but is not yet sure about it, one uses the modal particle "吧" to raise a question, e.g.

> ① 你最近很忙吧？　　② 票一定很难买吧？
> ③ 你很喜欢打球吧？

3. 时量补语（1）　The complement of duration (1)

时量补语用来说明一个动作或一种状态持续多长时间。例如：
A complement of duration is used to indicate the duration of an action or a state, e.g.

> ① 我练了两个星期了。　　② 我们休息了十分钟。
> ③ 火车开走一刻钟了。　　④ 玛丽病了两天，没来上课。

六　练习　Exercises

1. 给下面的词语配上适当的动词，组成动宾短语，并选择几个造句　Match the following words with proper verbs to form verb-object constructions and then make sentences with some of them

| 足球 | 飞机 | 事故 | 礼物 | 问题 | 酒 |
| 汽车 | 电话 | 网球 | 生词 | 饭 | 歌 |

2. 把下面用"比"的句子改成用"没有"的否定句　Change the following sentences with "比" into their negative forms with "没有"

（1）他滑冰比我滑得好。　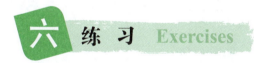　_____

（2）王兰爬山比张老师爬得快。→ _____

（3）他的手机比我的好。→ _____

（4）这张照片比那张漂亮。→ _____

3. 给下面的词语选择适当的位置　Insert the given words into the following sentences at the suitable places

（1）我累极了，A 想 B 休息 C。（一会儿）

（2）他 A 在北京 B 住 C 了 D 了。（十年）

（3）他的宿舍离教室很近，A 走 B 就到了 C。（一刻钟）

（4）他 A 迟到 B 了 C。（十分钟）

4. 完成对话　Complete the following conversations

（1）A：_____？

　　B：我喜欢打篮球，_____？

　　A：我不喜欢打篮球。

　　B：_____？

　　A：我喜欢爬山。

（2）A：_____？

　　B：我不喝酒。

　　A：_____？少喝一点儿没关系。

　　B：我开车，喝酒不安全。

（3）A：你喜欢吃什么饭菜？喜欢不喜欢做饭？

　　　B：_____，_____。

（4）A：休息的时候你喜欢做什么？

　　　B：_____。

（5）A：你喜欢喝什么？为什么？

　　　B：_____。

5. 听后复述　Listen and retell

　　汉斯（Hànsī, Hans）有很多爱好（àihào, hobby）。他喜欢运动，冬天滑冰，夏天游泳。到中国以后，他还学会了打太极拳。他画的画儿也不错。他房间里的那张画儿就是他自己画的。可是他也有一个不好的"爱好"，那就是抽烟。现在他身体不太好，要是不抽烟，他的身体一定比现在好。

6. 语音练习　Phonetic drills

（1）常用音节练习　Drills on the frequently used syllables

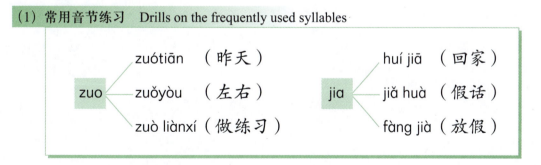

(2) 朗读会话　Read aloud the conversation

A: Nǐ xǐhuan shénme?

B: Wǒ xǐhuan dòngwù.

A: Wǒ yě xǐhuan dòngwù.

B: Shì ma? Nǐ xǐhuan shénme dòngwù?

A: Wǒ xǐhuan xiǎo gǒu, nǐ ne?

B: Wǒ xǐhuan dàxióngmāo.

30 请你慢点儿说
PLEASE SPEAK SLOWLY

yǔyán
语言
LANGUAGE

一 句子 Sentences

213
我的发音还差得远呢。
Wǒ de fāyīn hái chà de yuǎn ne.
My pronunciation is very poor.

214
你学汉语学了多长时间了？
Nǐ xué Hànyǔ xuéle duō cháng shíjiān le?
How long have you been learning Chinese?

215
你能看懂中文小说吗？
Nǐ néng kàndǒng Zhōngwén xiǎoshuō ma?
Can you read Chinese novels?

216
听和说比较难，看比较容易。
Tīng hé shuō bǐjiào nán, kàn bǐjiào róngyì.
Comparatively speaking, listening and speaking are difficult, while reading is easy.

217
慢点儿说，我听得懂。
Màn diǎnr shuō, wǒ tīng de dǒng.
If you speak slowly, I can understand what you say.

218
你忙什么呢？ What are you busy with?
Nǐ máng shénme ne?

219 | 我父亲来了，我要陪他去旅行。
Wǒ fùqin lái le, wǒ yào péi tā qù lǚxíng.
My father has come. I am going to travel with him.

220 | 除了广州、上海以外，我们还要去香港。
Chúle Guǎngzhōu、Shànghǎi yǐwài, wǒmen hái yào qù Xiānggǎng.
We are going to visit Hong Kong as well as Guangzhou and Shanghai.

二 会话 Conversations

1

李红： 你汉语说得不错，发音很清楚。
Lǐ Hóng： Nǐ Hànyǔ shuō de búcuò, fāyīn hěn qīngchu.

大卫： 哪儿啊，还差得远呢。
Dàwèi： Nǎr a, hái chà de yuǎn ne.

李红： 你学汉语学了多长时间了？
Lǐ Hóng： Nǐ xué Hànyǔ xuéle duō cháng shíjiān le?

大卫： 学了半年了。
Dàwèi： Xuéle bàn nián le.

李红： 你能看懂中文小说吗？
Lǐ Hóng： Nǐ néng kàndǒng Zhōngwén xiǎoshuō ma?

大卫： 不能。
Dàwèi： Bù néng.

李红： 你觉得汉语难不难？
Lǐ Hóng： Nǐ juéde Hànyǔ nán bu nán?

30 请你慢点儿说 PLEASE SPEAK SLOWLY

大卫： 听和说比较难，看比较容易，可以查词典。
Dàwèi: Tīng hé shuō bǐjiào nán, kàn bǐjiào róngyì, kěyǐ chá cídiǎn.

李红： 我说的话，你能听懂吗？
Lǐ Hóng: Wǒ shuō de huà, nǐ néng tīngdǒng ma?

大卫： 慢点儿说，我听得懂。
Dàwèi: Màn diǎnr shuō, wǒ tīng de dǒng.

李红： 你应该多跟中国人谈话。
Lǐ Hóng: Nǐ yīnggāi duō gēn Zhōngguórén tán huà.

大卫： 对，这样可以提高听和说的能力。
Dàwèi: Duì, zhèyàng kěyǐ tígāo tīng hé shuō de nénglì.

2

王兰： 你忙什么呢？
Wáng Lán: Nǐ máng shénme ne?

和子： 我在收拾东西呢。我父亲来了，我要陪他去旅行。
Hézǐ: Wǒ zài shōushi dōngxi ne. Wǒ fùqin lái le, wǒ yào péi tā qù lǚxíng.

王兰： 去哪儿啊？
Wáng Lán: Qù nǎr a?

和子： 除了广州、上海以外，我们还要去香港。我得给他当导游。
Hézǐ: Chúle Guǎngzhōu、Shànghǎi yǐwài, wǒmen hái yào qù Xiānggǎng. Wǒ děi gěi tā dāng dǎoyóu.

王兰: 那你父亲一定很高兴。
Wáng Lán: Nà nǐ fùqin yídìng hěn gāoxìng.

和子: 麻烦的是广东话、上海话我都听不懂。
Hézǐ: Máfan de shì Guǎngdōnghuà、Shànghǎihuà wǒ dōu tīng bu dǒng.

王兰: 没关系,商店、饭店都说普通话。
Wáng Lán: Méi guānxi, shāngdiàn、fàndiàn dōu shuō pǔtōnghuà.

和子: 他们能听懂我说的话吗?
Hézǐ: Tāmen néng tīngdǒng wǒ shuō de huà ma?

王兰: 没问题。
Wáng Lán: Méi wèntí.

和子: 那我就放心了。
Hézǐ: Nà wǒ jiù fàng xīn le.

三 替换与扩展 Substitution and Extension

1. 替换 Substitution

(1) 现在你能看懂中文小说吗?

下午	布置好	教室
后天	修好	手机
晚上	做完	翻译练习

30 请你慢点儿说　PLEASE SPEAK SLOWLY

（2）A：你<u>学汉语</u> <u>学</u>了
　　　多长时间了？
　　B：<u>学</u>了<u>半年</u>了。

看比赛	看	一个小时
翻译句子	翻译	一个半小时
听音乐	听	二十分钟
打字	打	半个小时

（3）除了<u>广州</u>、<u>上海</u>
　　　以外，我们还要
　　　<u>去香港</u>。

饺子	包子	吃菜
京剧	话剧	看杂技
洗衣机	电视	买冰箱

2. 扩展 Extension

（1）汉语 的发音不太难，语法也比较容易。
　　　Hànyǔ de fāyīn bú tài nán, yǔfǎ yě bǐjiào róngyì.

（2）我　预习了一个小时 生词，现在 这些 生词
　　　Wǒ　yùxíle　yí ge xiǎoshí shēngcí, xiànzài zhèxiē shēngcí
　　　都 记住了。
　　　dōu jìzhù le.

四　生词 New Words

1.	发音	fāyīn/fā yīn	名/动	pronunciation; to pronounce
2.	比较	bǐjiào	副	comparatively
3.	父亲	fùqin	名	father
4.	除了……以外	chúle……yǐwài		besides, in addition to, as well as
5.	清楚	qīngchu	形	clear

6.	查	chá	动	to check, to look up
7.	谈	tán	动	to talk, to speak
8.	提高	tígāo	动	to raise, to improve
9.	能力	nénglì	名	ability
10.	收拾	shōushi	动	to clean, to tidy up
11.	当	dāng	动	to serve as
12.	导游	dǎoyóu	名	tourist guide
13.	普通话	pǔtōnghuà	名	common speech
14.	放心	fàng xīn		to set one's mind at rest, to feel relieved
15.	小时	xiǎoshí	名	hour
16.	打字	dǎ zì		to type
17.	包子	bāozi	名	steamed stuffed bun
18.	话剧	huàjù	名	drama, modern drama
19.	洗衣机	xǐyījī	名	washing machine
20.	冰箱	bīngxiāng	名	refrigerator
21.	语法	yǔfǎ	名	grammar
22.	预习	yùxí	动	to preview
23.	记	jì	动	to learn by heart

专名 Proper Nouns

1.	广州	Guǎngzhōu	Guangzhou (*name of a city*)
2.	香港	Xiānggǎng	Hong Kong

五 语法 Grammar

1. 时量补语（2） The complement of duration (2)

（1）动词后有时量补语又有宾语时，一般要重复动词，时量补语在第二个动词之后。例如：

When a verb is followed by both a complement of duration and an object, the verb is usually repeated. Moreover, the complement of duration has to be placed after the second occurrence of the verb, e.g.

① 他昨天等你等了一个小时。　② 他们开会开了半个小时。
③ 他念生词念了一刻钟。　　　④ 他学英语学了两年了。

（2）如果宾语是人称代词，宾语一般放在时量补语的前边。如果宾语不是人称代词，宾语放在时量补语的后边，宾语和时量补语之间也可以加"的"。例如：

If the object is a personal pronoun, it is generally put before the complement of duration. If the object is not a personal pronoun, it is generally put after the complement of duration. "的" may also be inserted between the object and the complement of duration, e.g.

⑤ 他昨天等了你一个小时。　⑥ 他们开了半个小时（的）会。
⑦ 他念了一刻钟（的）生词。　⑧ 他学了两年（的）英语。

（3）如果宾语较复杂或需要强调，也常把宾语提前。例如：

The object may also be moved to the head of the sentence if it is rather complex or needs giving prominence, e.g.

⑨ 那件漂亮的毛衣他试了半天。
⑩ 那本小说他看了两个星期。

2. 除了……以外   besides, except

（1）表示在什么之外，还有别的。后边常有"还""也"等呼应。例如：
It means "there is something else" and is often followed by "还""也", etc., e.g.

① 和子和她父亲除了去上海以外，还去广州、香港。
② 除了小王以外，小张、小李也会说英语。

（2）表示所说的人或事不包括在内。后边常有"都"呼应。例如：
It expresses the exclusion of the aforementioned person or thing and is often followed by "都", e.g.

③ 这件事除了老张以外，我们都不知道。
④ 除了大卫以外，我们都去过长城了。

六 练习 Exercises

1. 熟读下列短语并选择几个造句   Read up on the following expressions and make sentences with some of them

参观了一小时	比赛了一（个）下午
修了一会儿	疼了两天
翻译了三天	旅行了一个星期
想了几分钟	收拾了半个小时

2. 用所给词语造句   Make sentences with the given words or expressions

例 Example 开会　一个半小时 ➡ 我们开会开了一个半小时。

（1）听音乐　二十分钟　➡ _____

30 请你慢点儿说　PLEASE SPEAK SLOWLY

　　（2）跳舞　　半个小时　　➡ _____

　　（3）坐火车　七个小时　　➡ _____

　　（4）找钥匙　好几分钟　　➡ _____

3. 仿照例子改写句子　Rewrite the sentences by following the model

例 Example　我喜欢小狗，还喜欢大熊猫。

　　　　　　➡ 除了小狗以外，我还喜欢大熊猫。

（1）我每天都散步，还打太极拳。

　　➡ _____

（2）他会说英语，还会说汉语。

　　➡ _____

（3）在北京，他去过长城，没去过别的地方。

　　➡ _____

（4）我们班大卫会划船，别的人不会划船。

　　➡ _____

4. 按照实际情况回答问题　Answer the following questions according to the actual situations

（1）你什么时候来北京的？来北京多长时间了？

（2）来中国以前你学过汉语吗？学了多长时间？

（3）每星期你们上几天课？

（4）你每天运动吗？做什么运动？运动多长时间？

（5）每天你几点睡觉？几点起床？大概睡多长时间？

5. 完成对话　Complete the following conversation

A：昨天的电影你看了吗？

B：_____。

A：_____？

B：听不懂，说得太快。

A：我也是。_____。（要是……　能）

B：我们还要多练习听和说。

6. 听后复述　Listen and retell

有一个小孩儿学认（rèn, to recognize）字。老师在他的本子上写了一个"人"字，他学会了。第二天，老师见到他，在地上写了个"人"字，写得很大，他不认识了。老师说："这不是'人'字吗？你怎么忘了？"他说："这个人比昨天那个人大多了，我不认识他。"

7. 语音练习　Phonetic drills

(1) 常用音节练习　Drills on the frequently used syllables

30 请你慢点儿说 PLEASE SPEAK SLOWLY

(2) 朗读会话　Read aloud the conversation

> A: "Nā ná nǎ nà".
>
> B: Nǐ liànxí fā yīn ne?
>
> A: Shì a, wǒ juéde fā yīn yǒudiǎnr nán.
>
> B: Nǐ fā yīn hěn qīngchu.
>
> A: Hái chà de yuǎn ne.
>
> B: Yàoshi nǐ měi tiān liànxí, jiù néng xué de hěn hǎo.

复习（六）

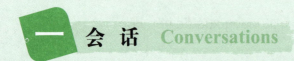

一 会 话 Conversations

1

〔阿里（Ālǐ, name of a person）、小王和小李都很喜欢旅行，他们约好今天去天津（Tiānjīn, name of a city）玩儿。现在阿里和小王在火车站等小李〕

阿里：小李怎么还不来？

小王：他是不是忘了？

阿里：不会的。昨天我给他打电话，说得很清楚，告诉他十点五十开车，今天我们在这儿等他。

小王：可能病了吧？

阿里：也可能有什么事，不能来了。

小王：火车马上开了，我们也不去了，回家吧。

阿里：去看看小李，问问他怎么回事（zěnme huí shì, what has happened）。

2

〔小李正在宿舍睡觉，阿里和小王进来〕

阿里：小李，醒（xǐng, to wake up）醒。

小王：我说得不错吧，他真病了。

小李：谁病了？我没病。

阿里：那你怎么没去火车站呀（ya, a modal particle）？

小李：怎么没去呀？今天早上四点我就起床了，到火车站的时候才四点半。等了你们半天，你们也不来，我就回来了。我又累又困（kùn, sleepy），就睡了。

小王：我们的票是十点五十的，你那么早去做什么？

小李：什么？十点五十？阿里电话里说四点五十。

小王：我知道了，阿里说"十"和"四"差不多（chàbuduō, about the same）。

小李：啊！我听错（cuò, wrong）了。

阿里：真对不起，我发音不好，让你白跑一趟（bái pǎo yí tàng, to make a fruitless trip）。

小李：没什么，我们都白跑了一趟。

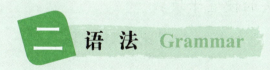

几种表示比较的方法　Some ways of expressing comparison

1. 用副词"更""最"表示比较　By using the adverbs "更" and "最"

① 他汉语说得很好，他哥哥说得更好。

② 这次考试他的成绩最好。

2. 用"有"表示比较　By using "有"

① 你弟弟有你这么高吗?

② 这种苹果没有那种好吃。

③ 我没有他唱得好。/ 我唱得没有他好。/
我唱歌唱得没有他好。

3. 用"跟……一样"表示比较　By using "跟……一样"

① 今天的天气跟昨天一样。

② 我买的毛衣跟你的一样贵。

以上三种方法都能表示异同或差别，但不能表示具体的差别。

The three above-mentioned ways can all be used to show similarities and differences, but not specific differences.

4. 用"比"表示比较　By using "比"

① 今天比昨天热。

② 我的自行车比他的新一点儿。

③ 他买的杯子（bēizi, cup）比我买的便宜十块钱。

④ 他打篮球比我打得好得多。/ 他打篮球打得比我好得多。

用"比"来进行比较，不仅能指出有差别，而且还能表示出有多大差别。

Comparison by using "比" can indicate not only a difference between two persons or things, but also the extent to which they differ.

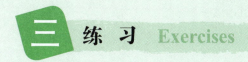

1. 按照实际情况回答问题 Answer the following questions according to the actual situations

（1）你有什么爱好？你最喜欢做什么？

（2）你学过什么外语？你觉得难不难？

（3）你在中国旅行过吗？除了普通话以外，哪儿的话容易懂？哪儿的话不容易懂？

（4）你们国家的天气跟中国一样不一样？你习惯不习惯？

（5）一年中你喜欢春天、夏天还是喜欢秋天、冬天？为什么？

2. 会话　Make dialogues

（1）祝贺、祝愿（生日、结婚、节日、毕业）Congratulation and wish (birthday, marriage, festival, graduation)

祝你……好（愉快、幸福）！　　　谢谢！
祝贺你（了）！　　　　　　　　　谢谢你！
我们给你祝贺生日来了！　　　　　谢谢大家！
祝你学习（工作）顺利！　　　　　多谢朋友们！

（2）劝告（别喝酒、别急、别不好意思）Persuasion (don't drink, don't worry, don't be shy)

你开车，别喝酒。　　　　别急，你的病会好的。
他刚睡，别说话。　　　　学汉语要多说，别不好意思。

（3）爱好（运动、音乐、美术……）Hobbies (sports, music, arts...)

你喜欢什么？
你喜欢做什么？
你最喜欢什么？

3. 完成对话　Complete the following conversation

A：你学了多长时间汉语了？

B：_____。

A：你觉得听和说哪个难？

B：_____。

A：写呢？

B：_____。

A：现在你能看懂中文小说吗？

B：_____。

4. 语音练习　Phonetic drills

（1）声调练习：第三声+第四声　Drills on tones: 3rd tone + 4th tone

　　kǒushì　　（口试）

　　wǒ qù kǒushì　　（我去口试）

　　wǔ hào wǒ qù kǒushì　　（五号我去口试）

（2）朗读会话　Read aloud the conversation

A: Nǐ zhīdào ma? Shànghǎihuà li bù shuō "wǒmen", shuō "ālā".

B: Ò, yǒu yìsi, hé pǔtōnghuà zhēn bù yíyàng.

A: Hěn duō fāngyán wǒ yě tīng bu dǒng.

B: Suǒyǐ dōu yào xué pǔtōnghuà, shì ba?

A: Nǐ shuō de hěn duì.

四 阅读短文　Reading Passage

　　小张吃了晚饭回到宿舍，刚要打开电视机，就听见楼下有人叫他。他打开窗户往下看，是小刘。

　　小刘给他一张电影票，让他星期天八点一起去看电影。他们说好在电影院门口见面。

　　星期天到了。小张先去看了一位朋友，下午去商店买了一些东西。七点四十到电影院。他没看见小刘，就在门口等。

　　差五分八点，电影就要开始了，可是小刘还没来。小张想，小刘可能有事不来了，就一个人进电影院去了。电影院的人对小张说："八点没有电影，是不是你弄错（nòngcuò, to make a mistake）了？"小张一看电影票，那上面写的是上午八点。小张想，我太马虎了，要是看看票或者（huòzhě, or）问问小刘就好了。

lǚyóu
旅游（1）
TRAVELLING (1)

31 那儿的风景美极了

THE SCENERY IS VERY BEAUTIFUL THERE

一 句子 Sentences

221　中国的名胜古迹多得很。
Zhōngguó de míngshèng gǔjì duō de hěn.
There are a great many scenic spots and historical sites in China.

222　你说吧，我听你的。①
Nǐ shuō ba, wǒ tīng nǐ de.
Please go ahead. I'll leave it to you to decide what we shall do (or where we shall go).

223　从北京到桂林坐火车要坐多长时间？
Cóng Běijīng dào Guìlín zuò huǒchē yào zuò duō cháng shíjiān?
How long will it take to go from Beijing to Guilin by train?

224　七点有电影，现在去来得及来不及？
Qī diǎn yǒu diànyǐng, xiànzài qù láidejí láibují?
There'll be a film at 7 o'clock. Can we get there in time if we start right now?

225　我们看电影去吧。 Let's go and see a film.
Wǒmen kàn diànyǐng qu ba.

31 那儿的风景美极了 THE SCENERY IS VERY BEAUTIFUL THERE

226 上海的东西比这儿多得多。
Shànghǎi de dōngxi bǐ zhèr duō de duō.
There are much more commodities in Shanghai than (in) here.

227 我想买些礼物寄回家去。
Wǒ xiǎng mǎi xiē lǐwù jì huí jiā qu.
I want to buy some presents to mail back home.

228 你不是要去豫园游览吗?
Nǐ bú shì yào qù Yù Yuán yóulǎn ma?
You want to visit the Yuyuan Park, don't you?

二 会话 Conversations

1

大卫: 快放假了,你想不想去旅行?
Dàwèi: Kuài fàng jià le, nǐ xiǎng bu xiǎng qù lǚxíng?

玛丽: 当然想。
Mǎlì: Dāngrán xiǎng.

大卫: 中国的名胜古迹多得很,去哪儿呢?
Dàwèi: Zhōngguó de míngshèng gǔjì duō de hěn, qù nǎr ne?

玛丽: 你说吧,我听你的。
Mǎlì: Nǐ shuō ba, wǒ tīng nǐ de.

大卫: 先去桂林吧,那儿的风景美极了!
Dàwèi: Xiān qù Guìlín ba, nàr de fēngjǐng měi jí le!

玛丽：从 北京 到 桂林 坐 火车 要 坐 多长 时间？
Mǎlì：Cóng Běijīng dào Guìlín zuò huǒchē yào zuò duō cháng shíjiān?

大卫：坐 高铁 大概 得 十 多 个 小时。我们 在 桂林
Dàwèi：Zuò gāotiě dàgài děi shí duō ge xiǎoshí. Wǒmen zài Guìlín

玩儿 三四 天，然后 去 上海。
wánr sān-sì tiān, ránhòu qù Shànghǎi.

玛丽：这个 计划 不错，就 这么 办 吧。七 点 有
Mǎlì：Zhège jìhuà búcuò, jiù zhème bàn ba. Qī diǎn yǒu

电影，现在 去 来得及 来不及？
diànyǐng, xiànzài qù láidejí láibují?

大卫：来得及。
Dàwèi：Láidejí.

玛丽：我们 看 电影 去 吧。
Mǎlì：Wǒmen kàn diànyǐng qu ba.

大卫：走 吧。
Dàwèi：Zǒu ba.

2

和子：上海 是 中国 最 大 的 城市。
Hézǐ：Shànghǎi shì Zhōngguó zuì dà de chéngshì.

王兰：对，上海 的 东西 比 这儿 多得多。
Wáng Lán：Duì, Shànghǎi de dōngxi bǐ zhèr duō de duō.

和子：去 上海 的 时候，我 想 买 些 礼物 寄 回 家
Hézǐ：Qù Shànghǎi de shíhou, wǒ xiǎng mǎi xiē lǐwù jì huí jiā

去。你 觉得 上海 哪儿 最 热闹？
qu. Nǐ juéde Shànghǎi nǎr zuì rènao?

31 那儿的风景美极了 THE SCENERY IS VERY BEAUTIFUL THERE

王兰 Wáng Lán: 南京路。那儿有各种各样的商店，买东西非常方便。
Nánjīng Lù. Nàr yǒu gè zhǒng gè yàng de shāngdiàn, mǎi dōngxi fēicháng fāngbiàn.

和子 Hézǐ: 听说上海的小吃也很有名。
Tīngshuō Shànghǎi de xiǎochī yě hěn yǒumíng.

王兰 Wáng Lán: 你不是要去豫园游览吗？顺便可以尝尝那儿的小吃。对了②，你还可以去参观一下儿浦东开发区。
Nǐ bú shì yào qù Yù Yuán yóulǎn ma? Shùnbiàn kěyǐ chángchang nàr de xiǎochī. Duìle, nǐ hái kěyǐ qù cānguān yíxiàr Pǔdōng Kāifāqū.

注释 Notes

❶ 你说吧，我听你的。 Please go ahead. I'll leave it to you to decide what we shall do (or where we shall go).

这句话的意思是"你说你的意见吧，我按你说的去做"。当无条件地同意对方的意见时，就可以这样说。
This sentence means "Speak your mind, and I shall do whatever you tell me to" and is used when you are prepared to agree to whatever your hearer is going to say.

❷ 对了 Oh, yes...

在口语中，当说话人忽然想起应该做某事或要补充说明某事时，就说"对了"。
In everyday conversation, when a speaker suddenly thinks of something he should do or add he says "对了".

TRAVELLING (1)

三 替换与扩展 Substitution and Extension

1. 替换 Substitution

(1) 我们<u>看电影</u>去。

开会	参观博物馆
听音乐	看京剧
吃小吃	办信用卡

(2) <u>坐火车</u>要<u>坐</u>多长时间？

| 坐船 | 坐 | 坐飞机 | 坐 |
| 骑车 | 骑 | 坐动车 | 坐 |

(3) 我想买些<u>礼物</u><u>寄</u>回家去。

菜	送
药	寄
水果	带
小吃	拿

2. 扩展 Extension

A：我的圆珠笔找不到了。
　　Wǒ de yuánzhūbǐ zhǎo bu dào le.

B：那不是你的圆珠笔吗？
　　Nà bú shì nǐ de yuánzhūbǐ ma?

A：啊，找到了。
　　À, zhǎodào le.

31 那儿的风景美极了　THE SCENERY IS VERY BEAUTIFUL THERE

四　生词　New Words

1.	名胜古迹	míngshèng gǔjì		scenic spots and historical sites
2.	来得及	láidejí	动	to be able to do something in time
3.	来不及	láibují	动	too late to do..., to have no time to...
4.	游览	yóulǎn	动	to go sight-seeing
5.	风景	fēngjǐng	名	scenery
6.	高铁	gāotiě	名	high-speed rail
7.	然后	ránhòu	连	then
8.	计划	jìhuà	名 / 动	plan; to plan
9.	办	bàn	动	to do, to make
10.	城市	chéngshì	名	city
11.	热闹	rènao	形	bustling with excitement, lively
12.	各	gè	代	every, each
13.	非常	fēicháng	副	very, most
14.	小吃	xiǎochī	名	refreshments
15.	有名	yǒumíng	形	famous, well-known
16.	顺便	shùnbiàn	副	by the way, at one's convenience
17.	开发	kāifā	动	to develop
18.	区	qū	名	zone, district
19.	博物馆	bówùguǎn	名	museum
20.	信用卡	xìnyòngkǎ	名	credit card

21.	动车	dòngchē	名	high-speed train
22.	水果	shuǐguǒ	名	fruit
23.	圆珠笔	yuánzhūbǐ	名	ball-pen

专名　Proper Nouns

1.	桂林	Guìlín	Guilin (*name of a city*)
2.	豫园	Yù Yuán	the Yuyuan Park
3.	南京路	Nánjīng Lù	Nanjing Road
4.	浦东	Pǔdōng	Pudong (*name of a development zone in Shanghai*)

五　语法　Grammar

1. 趋向补语（3） The complement of direction (3)

（1）动词"上""下""进""出""回""过""起"等后面加上"来"或"去"（没有"起去"），可作其他动词的补语，表示动作的方向。这种趋向补语叫复合趋向补语。例如：

When the verb "上""下""进""出""回""过" or "起" takes "来" or "去" after it ("起去" is not acceptable), it may serve as the complement of another verb to express the direction of the action. Such a complement of direction is called the compound complement of direction, e.g.

① 他从教室走出来了。

② 他想买些东西寄回去。

③ 看见老师进来，同学们都站了起来。

31 那儿的风景美极了 THE SCENERY IS VERY BEAUTIFUL THERE

（2）复合趋向补语中的"来""去"所表示的方向与说话人（或所谈论的事物）之间的关系与简单趋向补语相同，表示处所的宾语的位置也与简单趋向补语相同。例如：

The direction of motion indicated by "来" or "去" in such a complement with relation to the speaker (or something in question) and the position of the object of locality are similar to those of a simple complement of direction, e.g.

④ 上课了，老师走进教室来了。

⑤ 那些书都寄回国去了。

2. 用"不是……吗"的反问句 The rhetoric question with "不是……吗"

"不是……吗"构成的反问句用来表示肯定，并有强调的意思。例如：

The rhetoric question with "不是……吗" is used to express affirmation and achieve emphasis, e.g.

① 你不是要去旅行吗？（你要去旅行）

② 这个房间不是很干净吗？（这个房间很干净）

六 练习 Exercises

1. 选择适当的动词组成动宾结构并造句 Choose appropriate verbs to form verb-object constructions and make sentences

例 Example   字   A. 写   B. 画 → 那个孩子正在写字。

（1）名胜古迹   A. 游览   B. 旅行 → _____

（2）风景   A. 参观   B. 看   → _____

（3）信用卡   A. 做   B. 办   → _____

（4）能力　　A. 提高　B. 练好　➡ _____

（5）电影　　A. 演　　B. 开　　➡ _____

（6）自行车　A. 坐　　B. 骑　　➡ _____

2. 根据图片，用动词及趋向补语完成句子 Complete the following sentences with the verbs given in brackets and complements of direction according to the pictures.

（1）注意，前边 _____ 一辆汽车。（开）

（2）楼下有人找你，你快 _____ 吧。（下）

（3）下课了，我们的老师 _____ 了。（走）

（4）山上的风景很好，你们快 _____ 吧。（爬）

31 那儿的风景美极了 THE SCENERY IS VERY BEAUTIFUL THERE

3. 仿照例子，把下面的句子改成疑问句 Change the following sentences into questions by following the model

例 Example　昨天我们跳舞跳了两个小时。

→ 昨天你们跳舞跳了几个小时？

昨天你们跳舞跳了多长时间？

（1）我来北京的时候，坐飞机坐了十二个小时。

→ _____

（2）昨天我爬山爬了三个小时。 → _____

（3）今天早上我吃饭吃了一刻钟。 → _____

（4）从这儿到北海公园，骑车要骑一个多小时。

→ _____

（5）昨天我们划船划了两个小时。 → _____

4. 说话 Say what you can

介绍一处你游览过的名胜古迹。
Talk about one of the scenic spots or historical sites you've visited.

提示：风景怎么样？有什么有名的东西？你最喜欢什么？游览了多长时间？
Suggested points: What about the scenery? What is it famous for? What do you like best? How long did you stay here?

5. 听后复述 Listen and retell

我喜欢旅行。旅行可以游览名胜古迹，旅行还是一种学习汉语的好方法（fāngfǎ, method）。在学校，我习惯听老师说话，换一个人就不习惯了。可是旅行的时候要跟各种各样的人说话，要问路，要参观，要买东西……这是学习汉语的好机会（jīhuì, opportunity）。放假的时候我就去旅行，提高我的听说能力。

6. 语音练习　Phonetic drills

(1) 常用音节练习　Drills on the frequently used syllables

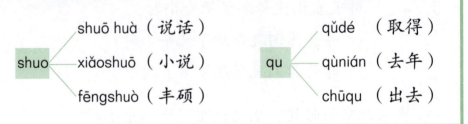

(2) 朗读会话　Read aloud the conversation

A: Fàng jià yǐhòu nǐ jìhuà zuò shénme?

B: Wǒ xiǎng qù lǚxíng.

A: Nǐ qù nǎr?

B: Qù Dōngběi.

A: Xiànzài Dōngběi duō lěng a!

B: Lěng hǎo a, kěyǐ kàn bīngdēng (ice lantern).

lǚyóu
旅游（2）
TRAVELLING (2)

32 买到票了没有
HAVE YOU GOT THE TICKET

一 句子 Sentences

229 你看见刘京了吗？ Have you seen Liu Jing?
Nǐ kànjiàn Liú Jīng le ma?

230 你上二楼去找他吧。
Nǐ shàng èr lóu qù zhǎo tā ba.
You'd better go up to the second floor and look for him.

231 我再查查看。
Wǒ zài chácha kàn.
Let me check again.

232 三天以内的机票都没有了。
Sān tiān yǐnèi de jīpiào dōu méiyǒu le.
The air tickets for the recent three days are all sold out.

233 您应该早点儿预订飞机票。
Nín yīnggāi zǎo diǎnr yùdìng fēijīpiào.
You should book your airplane ticket as early as possible.

234 我有急事，您帮帮忙吧！
Wǒ yǒu jí shì, nín bāngbang máng ba!
I am sorry to bother you, but I have something urgent.

235 有一张十五号下午两点多的退票。
Yǒu yì zhāng shíwǔ hào xiàwǔ liǎng diǎn duō de tuì piào.
There is a returned ticket for sometime after 2:00 PM of the 15th.

TRAVELLING (2) 121

236 十四点零五分起飞。
Shísì diǎn líng wǔ fēn qǐfēi.
The plane leaves at 14:05.

二 会话 Conversations

1

和子： 你看见刘京了吗？
Hézǐ： Nǐ kànjiàn Liú Jīng le ma?

玛丽： 没看见。你上二楼去找他吧。
Mǎlì： Méi kànjiàn. Nǐ shàng èr lóu qù zhǎo tā ba.

2 （和子与刘京一起通过购票App买车票）

和子： 刘京，买到票了没有？
Hézǐ： Liú Jīng, mǎidào piào le méiyǒu?

刘京： 还没有，我再查查看。
Liú Jīng： Hái méiyǒu, wǒ zài chácha kàn.

和子： 坐高铁还是动车？
Hézǐ： Zuò gāotiě háishi dòngchē?

刘京： 坐高铁吧，高铁快。
Liú Jīng： Zuò gāotiě ba, gāotiě kuài.

和子： 要哪天的？
Hézǐ： Yào nǎ tiān de?

刘京： 明天的卖完了。有后天的，要不要？
Liú Jīng： Míngtiān de màiwán le. Yǒu hòutiān de, yào bu yào?

32 买到票了没有 HAVE YOU GOT THE TICKET

和子：要。上午 到 好，买 哪 次 呢？
Hézǐ: Yào. Shàngwǔ dào hǎo, mǎi nǎ cì ne?

刘京：买 G79次 吧。上午9点到。要一等座
Liú Jīng: Mǎi G qīshíjiǔ cì ba. Shàngwǔ jiǔ diǎn dào. Yào yīděngzuò

还是二等座？
háishi èrděngzuò?

和子：二等座吧。
Hézǐ: Èrděngzuò ba.

3 （尼娜打电话预订机票）

尼娜：到北京的飞机票有吗？
Nínà: Dào Běijīng de fēijīpiào yǒu ma?

客服人员：三天以内的都没有了。您应该
Kèfú rényuán: Sān tiān yǐnèi de dōu méiyǒu le. Nín yīnggāi

早点儿预订。
zǎo diǎnr yùdìng.

尼娜：我有急事，您帮帮忙吧！
Nínà: Wǒ yǒu jí shì, nín bāngbang máng ba!

客服人员：您等等，我再查查。真巧，有一张
Kèfú rényuán: Nín děngdeng, wǒ zài chácha. Zhēn qiǎo, yǒu yì zhāng

十五号下午两点多的退票。
shíwǔ hào xiàwǔ liǎng diǎn duō de tuì piào.

尼娜：我要了。我的护照号码是X06005786。
Nínà: Wǒ yào le. Wǒ de hùzhào hàomǎ shì X líng liù líng líng wǔ qī bā liù.

请问，从这儿到北京要多长时间？
Qǐngwèn, cóng zhèr dào Běijīng yào duō cháng shíjiān?

客服人员：一个多小时。
Kèfú rényuán: Yí ge duō xiǎoshí.

尼娜： 几 点 起飞？
Nínà: Jǐ diǎn qǐfēi?

客服人员： 十 四 点 零 五 分 起飞。
Kèfú rényuán: Shísì diǎn líng wǔ fēn qǐfēi.

三 替换与扩展 Substitution and Extension

1. 替换 Substitution

（1）你<u>买到 票</u>了没有？

| 找到 | 钱包 | 看错 | 时间 |
| 检查完 | 身体 | 办好 | 签证 |

（2）你<u>上二楼</u>去找他吧。

| 下 | 楼 | 到 | 停车场 |
| 到 | 图书馆 | 进 | 礼堂 |

2. 扩展 Extension

（1）A：我 的 汉语书 忘 在宿舍 里了，怎么 办？
　　　　Wǒ de Hànyǔshū wàng zài sùshè li le, zěnme bàn?

　　B：现在 马上 回 宿舍 去 拿，来得及。
　　　　Xiànzài mǎshàng huí sùshè qù ná, láidejí.

（2）大家 讨论 一下儿，哪个 办法 好。
　　　Dàjiā tǎolùn yíxiàr, nǎge bànfǎ hǎo.

（3）牌子 上 写着，这儿 不 能 停车。
　　　Páizi shang xiězhe, zhèr bù néng tíngchē.

32 买到票了没有 HAVE YOU GOT THE TICKET

四 生词 New Words

1.	以内	yǐnèi	名	within, under
2.	预订	yùdìng	动	to book, to reserve
3.	帮忙	bāng máng		to help
4.	退	tuì	动	to return
5.	卖	mài	动	to sell
6.	一等座	yīděngzuò	名	first-class seat
7.	二等座	èrděngzuò	名	second-class seat
8.	护照	hùzhào	名	passport
9.	钱包	qiánbāo	名	wallet
10.	检查	jiǎnchá	动	to check
11.	签证	qiānzhèng	名	visa
12.	停车场	tíngchēchǎng	名	park
13.	图书馆	túshūguǎn	名	library
14.	礼堂	lǐtáng	名	auditorium
15.	讨论	tǎolùn	动	to discuss
16.	办法	bànfǎ	名	method
17.	着	zhe	助	aspect particle indicating the continuation of a state

TRAVELLING (2)

五 语法 Grammar

1. "见"作结果补语　"见" as a complement of result

"见"常在"看"或"听"之后作结果补语。"看见"的意思是"看到","听见"的意思是"听到"。

"见" is often used after "看" (to look) or "听" (to listen) as a complement of result. "看见" means "to see" while "听见" means "to hear".

2. 动作的持续　The duration of an action

（1）动态助词"着"加在动词后边，表示动作、状态的持续。否定形式是"没（有）……着"。例如：

The aspect particle "着" is put after the verb to denote the duration of an action or a state. Its negative form is "没（有）……着", e.g.

① 窗户开着，门没开着。　② 衣柜里挂着很多衣服。
③ 书上边没写着你的名字。　④ 他没拿着东西。

（2）它的正反疑问句形式用"……着……没有"表示。例如：
In an affirmative-negative question, it takes the form of "……着……没有", e.g.

⑤ 门开着没有？　⑥ 你带着护照没有？

六 练习 Exercises

1. 根据情况，用趋向补语和下边的词语造句　Make sentences with complements of direction and the following words according to the given situations

例 Example　进　候机室（说话人在外边）➡ 刚才他进候机室去了。

（1）上　山（说话人在山下）　➡ _____

32 买到票了没有 HAVE YOU GOT THE TICKET

（2）进　教室（说话人在教室）→ _____

（3）进　公园（说话人在公园外）→ _____

（4）下　楼（说话人在楼下）→ _____

（5）回　家（说话人在外边）→ _____

2. 用动词加"着"填空 Fill in the blanks using verbs plus "着"

（1）衣服在衣柜里_____呢。

（2）你找钱包？不是在你手里_____吗？

（3）我的自行车钥匙在桌子上_____，你去拿吧。

（4）九号楼前边_____很多自行车。

（5）我的书上_____我的名字呢，能找到。

（6）参观的时候你_____他去，他不认识那儿。

3. 看图说话（用上动词加"着"） Talk about the following picture (using verbs plus "着")

4. **用"从……到……"回答问题** Answer the following questions with "从……到……"

(1) 每星期你什么时候上课?

(2) 你每天从几点到几点上课?

(3) 从你们国家到北京远不远?

5. **完成对话** Complete the following conversation

A:我要预订一张火车票。

B:_____。您去哪儿?

A:_____。

B:_____?

A:四月十号上午的高铁。

B:_____?

A:一等座。

6. **根据下面的火车时刻表买票** Buy tickets by referring to the following train schedule

车次 类型	出发站 到达站	出发时间 到达时间	历时
G671 高速	始 北京西 过 西安北	07:49 13:41	5小时52分
G307 高速	始 北京西 过 西安北	09:38 15:16	5小时38分
T41 特快	始 北京西 终 西安	14:22 05:21^{+1}	14小时59分

32 买到票了没有 HAVE YOU GOT THE TICKET

G663 高铁	始 北京西 终 西安北	15:45 21:04	5 小时 19 分
T7 特快	始 北京西 过 西安	16:43 06:11^{+1}	13 小时 28 分
T231 特快	始 北京西 终 西安	18:35 07:36^{+1}	13 小时 01 分
G59 高速	始 北京西 终 西安北	18:55 23:20	4 小时 25 分
Z43 直特	始 北京西 终 西安	20:09 09:55^{+1}	13 小时 46 分
Z19 直特	始 北京西 终 西安	20:35 08:29^{+1}	11 小时 54 分

（查询时间：2021年10月14日14:38）

（1）买两张三天后早上从北京西站出发（chūfā, to set out）、下午两点前到西安北站的高铁车票。

（2）买三张五天后下午从北京西站出发、晚上到西安北站的火车票。

7. 听后复述　Listen and retell

　　张三和李四去火车站。进去以后，离开车只（zhǐ, only）有五分钟了。他们赶紧（gǎnjǐn, without haste）快跑。张三跑得快，先上了火车。他看见李四还在车外边，急了，就要下车。服务员说："先生，不能下车，车就要开了，来不及了。"张三说："不行，要走的是他，我是来送他的。"

8. 语音练习　Phonetic drills

(1) 常用音节练习　Drills on the frequently used syllables

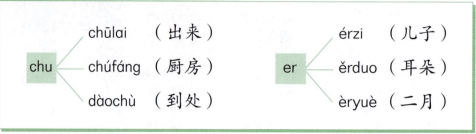

(2) 朗读会话　Read aloud the conversation

A: Huǒchē shang yǒudiǎnr rè.

B: Kāi chē yǐhòu jiù liángkuai le.

A: Zhèxiē dōngxi fàng zài nǎr?

B: Fàng zài shàngbian de xínglijià（luggage rack）shang.

A: Zhēn gāo a!

B: Wǒ bāng nǐ fàng.

A: Máfan nǐ le.

B: Bú kèqi.

旅游（3） lǚyóu
TRAVELLING (3)

33 我们预订了两个房间
WE BOOKED TWO ROOMS

一 句子 Sentences

237 终于到桂林了。 We've got to Guilin at last.
Zhōngyú dào Guìlín le.

238 哎呀，热死了！① Oh, my God! I am really hot.
Āiyā, rèsǐ le!

239 一定要痛痛快快地洗个澡。
Yídìng yào tòngtòngkuàikuài de xǐ ge zǎo.
I must take a good shower.

240 只要能让我早一点儿洗澡就行。
Zhǐyào néng ràng wǒ zǎo yìdiǎnr xǐ zǎo jiù xíng.
Just let me take the shower a little bit earlier.

241 我们在网上预订了两个房间。
Wǒmen zài wǎng shang yùdìng le liǎng ge fángjiān.
We've booked two rooms online.

242 请输入密码，请在这里签名。
Qǐng shūrù mìmǎ, qǐng zài zhèli qiān míng.
Please enter the password, and sign here.

243 那个包你放进衣柜里去吧。
Nàge bāo nǐ fàngjìn yīguì li qu ba.
Please put that bag into the wardrobe.

TRAVELLING (3) 131

244　那个包很大，放得进去放不进去？
　　　Nàge bāo hěn dà, fàng de jìnqu fàng bu jìnqu?
　　　That bag is large, can you put it in?

二 会 话 Conversations

1 (在火车站)

大卫：终于到桂林了。
Dàwèi: Zhōngyú dào Guìlín le.

尼娜：哎呀，热死了！
Nínà: Āiyā, rèsǐ le!

玛丽：到了酒店，一定要
Mǎlì: Dàole jiǔdiàn, yídìng yào

　　　痛痛快快地洗个澡。
　　　tòngtòngkuàikuài de xǐ ge zǎo.

大卫：我们预订的酒店不远，
Dàwèi: Wǒmen yùdìng de jiǔdiàn bù yuǎn,

　　　怎么去好呢？
　　　zěnme qù hǎo ne?

玛丽：只要能让我早一点儿
Mǎlì: Zhǐyào néng ràng wǒ zǎo yìdiǎnr

　　　洗澡就行。
　　　xǐ zǎo jiù xíng.

尼娜：前边就有出租车，我们打车去吧。
Nínà: Qiánbian jiù yǒu chūzūchē, wǒmen dǎ chē qù ba.

33 我们预订了两个房间 WE BOOKED TWO ROOMS

2 （在酒店大厅）

服务员： 您好！
Fúwùyuán: Nín hǎo!

大卫： 你好！我们在网上预订了两个房间。
Dàwèi: Nǐ hǎo! Wǒmen zài wǎngshang yùdìng le liǎng ge fángjiān.

服务员： 我看看你们的护照。
Fúwùyuán: Wǒ kànkan nǐmen de hùzhào.

你们要住三天，是吗？
Nǐmen yào zhù sān tiān, shì ma?

大卫： 是的。
Dàwèi: Shì de.

服务员： 好，请你们填一下儿表。
Fúwùyuán: Hǎo, qǐng nǐmen tián yíxiàr biǎo.

大卫： （填完表）给你。这是我的信用卡。
Dàwèi: (tiánwán biǎo) Gěi nǐ. Zhè shì wǒ de xìnyòngkǎ.

服务员： 请输入密码，请在这里签名。这是你们的房卡。房间在五楼。电梯在那边。
Fúwùyuán: Qǐng shūrù mìmǎ, qǐng zài zhèli qiān míng. Zhè shì nǐmen de fángkǎ. Fángjiān zài wǔ lóu. Diàntī zài nàbian.

大卫： 谢谢！
Dàwèi: Xièxie!

3 （在房间里）

玛丽：这个房间不错，窗户很大。
Mǎlì: Zhège fángjiān búcuò, chuānghu hěn dà.

尼娜：我想洗澡。
Nínà: Wǒ xiǎng xǐ zǎo.

玛丽：先吃点儿东西吧。
Mǎlì: Xiān chī diǎnr dōngxi ba.

尼娜：我不饿，刚才吃了一块蛋糕。
Nínà: Wǒ bú è, gāngcái chīle yí kuài dàngāo.

玛丽：那个包你放进衣柜里去吧。
Mǎlì: Nàge bāo nǐ fàngjìn yīguì li qu ba.

尼娜：包很大，放得进去放不进去？
Nínà: Bāo hěn dà, fàng de jinqu fàng bu jinqu?

玛丽：你试试。
Mǎlì: Nǐ shìshi.

尼娜：放得进去。我的红衬衫怎么不见了？
Nínà: Fàng de jinqu. Wǒ de hóng chènshān zěnme bú jiàn le?

玛丽：不是放在椅子上吗？
Mǎlì: Bú shì fàng zài yǐzi shang ma?

尼娜：啊，刚放的就忘了。
Nínà: À, gāng fàng de jiù wàng le.

33 我们预订了两个房间　WE BOOKED TWO ROOMS

注释　Note

❶ 热死了！　I am really hot.

"死"作补语，表示程度高，即"达到极点"的意思。
"死" as a complement indicates a great extent, i.e. the limit of a scale.

三　替换与扩展　Substitution and Extension

1. 替换　Substitution

(1) 热死了！　　麻烦　忙　饿　渴　高兴　难

(2) 到了酒店，一定要痛痛快快地洗个澡。

考完试	好	睡一觉
刚吃饱	慢	走回去
放了假	快乐	去旅行
回到家	热闹	喝一次酒

(3) 那个包你放进衣柜里去吧。

条	裙子	箱子
条	裤子	包
件	毛衣	衣柜
瓶	啤酒	冰箱

2. 扩展 Extension

(1) 餐厅 在大门 的 旁边。
　　Cāntīng zài dàmén de pángbiān.

(2) A：你洗个澡吧。
　　　Nǐ xǐ ge zǎo ba.

　　B：不，我 快 饿死了，先 吃 点儿 东西 再说。
　　　Bù, wǒ kuài èsǐ le, xiān chī diǎnr dōngxi zàishuō.

四　生词　New Words

1.	终于	zhōngyú	副	at last, finally
2.	死	sǐ	动/形	to die; dead
3.	痛快	tòngkuài	形	to one's heart's content
4.	地	de	助	structural particle used after an adjective or phrase to form an adverbial adjunct before the verb
5.	洗澡	xǐ zǎo		to have a bath
6.	只要……就……	zhǐyào…… jiù……		if…then…
7.	输入	shūrù	动	to enter
8.	密码	mìmǎ	名	password
9.	签名	qiān míng		to sign one's name
10.	包	bāo	名	bag
11.	酒店	jiǔdiàn	名	hotel

33 我们预订了两个房间 WE BOOKED TWO ROOMS

12.	填表	tián biǎo		to fill in a form
13.	房卡	fángkǎ	名	room card, key card
14.	饿	è	形	hungry
15.	衬衫	chènshān	名	shirt, blouse
16.	椅子	yǐzi	名	chair
17.	渴	kě	形	thirsty
18.	饱	bǎo	形	full
19.	裙子	qúnzi	名	skirt
20.	箱子	xiāngzi	名	trunk, suitcase
21.	裤子	kùzi	名	trousers, pants
22.	餐厅	cāntīng	名	dining hall

五 语法 Grammar

1. 形容词重叠与结构助词"地" Reduplication of adjectives and the structural particle "地"

（1）一部分形容词可以重叠，重叠后表示性质程度的加深。单音节形容词重叠后第二个音节可变为第一声，并可儿化，例如：好好儿、慢慢儿；双音节形容词的重叠形式为"AABB"，例如：高高兴兴、干干净净。

There are a number of adjectives that can be reduplicated in Chinese. When an adjective is reduplicated, its meaning properties are intensified. When a monosyllabic adjective is reduplicated, the second syllable sometimes is pronounced in the 1st tone and can be retroflexed with "r", e.g. "好好儿" "慢慢儿". The reduplication of a disyllabic adjective takes the form "AABB", e.g. "高高兴兴" "干干净净".

（2）单音节形容词重叠后作状语用不用"地"都可以，双音节形容词重叠作状语一般要用"地"。例如：

A reduplicated monosyllabic adjective may or may not take "地" when it is used as an adverbial, while a reduplicated disyllabic adjective normally requires "地", e.g.

① 你们慢慢（地）走啊！
② 他高高兴兴地说："我收到了朋友的礼物。"
③ 玛丽舒舒服服地躺在床上睡了。

2. 可能补语（2） The complement of potential (2)

（1）动词和趋向补语之间加上"得"或"不"，就构成了可能补语。例如：

The complement of potential can also be formed by inserting a structural particle "得" or "不" between a verb and a complement of direction, e.g.

① 他们去公园了，十二点以前回得来。
② 山很高，我爬不上去。

（2）正反疑问句的构成方式是并列可能补语的肯定形式和否定形式。例如：

An affirmative-negative question is formed by juxtaposing the positive and the negative forms of a complement of potential, e.g.

③ 你们十二点以前回得来回不来？
④ 你们听得懂听不懂中国人说话？

六 练习 Exercises

1. 用适当的量词填空 Fill in the blanks with the appropriate measure words

一＿＿＿衬衫　　　两＿＿＿裤子　　　一＿＿＿裙子

33 我们预订了两个房间 WE BOOKED TWO ROOMS

五＿＿＿桌子　　一＿＿＿马路　　一＿＿＿衣柜

四＿＿＿小说　　两＿＿＿票　　　一＿＿＿自行车

三＿＿＿圆珠笔　一＿＿＿小狗　　三＿＿＿客人

2. 把下面的句子改成正反疑问句 Change the following sentences into affirmative-negative questions

例 Example　今天晚上六点你回得来吗？
　　　　　→ 今天晚上六点你回得来回不来？

（1）那个门很小，汽车开得进去吗？

→ ＿＿＿＿＿＿＿＿＿＿＿＿＿＿＿＿＿＿＿＿＿＿＿＿＿

（2）这个包里再放两件衣服，放得进去吗？

→ ＿＿＿＿＿＿＿＿＿＿＿＿＿＿＿＿＿＿＿＿＿＿＿＿＿

（3）这么多药水你喝得下去吗？

→ ＿＿＿＿＿＿＿＿＿＿＿＿＿＿＿＿＿＿＿＿＿＿＿＿＿

（4）箱子放在衣柜上边，你拿得下来吗？

→ ＿＿＿＿＿＿＿＿＿＿＿＿＿＿＿＿＿＿＿＿＿＿＿＿＿

3. 用"只要……就……"回答问题 Answer the following questions with "只要……就……"

例 Example　A：明天你去公园吗？
　　　　　　B：只要天气好，我就去。

（1）A：中国人说话，你听得懂吗？

　　 B：＿＿＿＿＿＿＿＿＿＿＿＿＿＿＿＿＿＿＿＿＿＿

（2）A：你去旅行吗？

　　　B：_____

（3）A：明天你去看话剧吗？

　　　B：_____

（4）A：你想买什么样的衬衫？

　　　B：_____

4. 完成对话　Complete the following conversation

　　A：请问，一个房间_____？

　　B：一天六百五十八。

　　A：_____？

　　B：有两张床。

　　A：_____？

　　B：很方便，一天二十四小时都有热水。

　　A：房间里能上网吗？

　　B：_____。

　　A：好，我要一个房间。

5. 会话　Make a dialogue

在酒店看房间，服务员说这个房间很好，你觉得太贵了，想换一个。
An attendant at a hotel has just taken you to a room, saying that it is a nice one. You feel that it is very expensive and want to change it for another.

提示：房间大小，有什么东西，能不能洗澡，是不是干净，一天多少钱，住几个人。

33 我们预订了两个房间 WE BOOKED TWO ROOMS

Suggested points: You want to know the size, the furniture, the bathing facilities, the sanitary conditions, the rent and the capacity of the room.

6. 听后复述 Listen and retell

这个酒店不错。房间不太大，可是很干净。二十四小时都能洗热水澡，很方便。房间里可以上网。酒店的楼上有咖啡厅和歌厅（gētīng, karaoke lounge）。客人们白天（báitiān, daytime）在外边参观游览了一天，晚上喝杯咖啡，唱唱歌，可以好好儿地休息休息。

7. 语音练习 Phonetic drills

(1) 常用音节练习 Drills on the frequently used syllables

(2) 朗读会话 Read aloud the conversation

A: Nǐ hǎo! Wǒ yùdìngle yí ge fángjiān.

B: Nín guìxìng?

A: Wǒ xìng Wáng, Wáng Lán.

B: Duìbuqǐ, nín lái de tài zǎo le, fúwùyuán hái méiyǒu shōushi fángjiān ne.

A: Méi guānxi, wǒ děng yíhuìr. Jǐ diǎn kěyǐ zhù?

B: Bā diǎn.

kàn bìng
看病
TO SEE A DOCTOR

34 我头疼
I HAVE A HEADACHE

一 句子 Sentences

245 你怎么了？ Is there anything wrong with you?
Nǐ zěnme le?

246 我头疼，咳嗽。 I have a headache and a cough.
Wǒ tóu téng, késou.

247 我昨天晚上就开始不舒服了。
Wǒ zuótiān wǎnshang jiù kāishǐ bù shūfu le.
I began to feel unwell last night.

248 你把嘴张开，我看看。
Nǐ bǎ zuǐ zhāngkāi, wǒ kànkan.
Please open your mouth and let me have a look.

249 吃两天药就会好的。
Chī liǎng tiān yào jiù huì hǎo de.
Take medicine for two days and you will get well.

250 王 兰 呢？① Where is Wang Lan?
Wáng Lán ne?

251 我一下课就找她。
Wǒ yí xià kè jiù zhǎo tā.
I will look for her as soon as I finish the classes.

34 我头疼 I HAVE A HEADACHE

252 我 找 了 她 两 次， 她 都 不 在。
Wǒ zhǎole tā liǎng cì, tā dōu bú zài.
I looked for her twice, bus she was not in on both occasions.

二 会话 Conversations

1

大夫： 你怎么了？
Dàifu: Nǐ zěnme le?

玛丽： 我 头 疼，咳嗽。
Mǎlì: Wǒ tóu téng, késou.

大夫： 几 天 了？
Dàifu: Jǐ tiān le?

玛丽： 昨 天 上 午 还 好 好 儿 的，
Mǎlì: Zuótiān shàngwǔ hái hǎohāor de,

晚 上 就开始不舒服了。
wǎnshang jiù kāishǐ bù shūfu le.

大夫： 你吃药了吗？
Dàifu: Nǐ chī yào le ma?

玛丽： 吃 了 一 次。
Mǎlì: Chīle yí cì.

大夫： 你把嘴 张 开，我看看。嗓子有点儿 红。
Dàifu: Nǐ bǎ zuǐ zhāngkāi, wǒ kànkan. Sǎngzi yǒudiǎnr hóng.

玛丽： 有 问 题 吗？
Mǎlì: Yǒu wèntí ma?

TO SEE A DOCTOR

大夫：没什么。你量一下儿体温吧。
Dàifu: Méi shénme. Nǐ liáng yíxiàr tǐwēn ba.

玛丽：发烧吗？
Mǎlì: Fā shāo ma?

大夫：三十七度六，你感冒了。
Dàifu: Sānshíqī dù liù, nǐ gǎnmào le.

玛丽：要打针吗？
Mǎlì: Yào dǎ zhēn ma?

大夫：不用，吃两天药就会好的。
Dàifu: Búyòng, chī liǎng tiān yào jiù huì hǎo de.

2

和子：王兰呢？我一下课就找她，找了她两次，她都不在。
Hézǐ: Wáng Lán ne? Wǒ yí xià kè jiù zhǎo tā, zhǎole tā liǎng cì, tā dōu bú zài.

刘京：她住院了。
Liú Jīng: Tā zhù yuàn le.

和子：病了吗？
Hézǐ: Bìng le ma?

刘京：不是，她受伤了。
Liú Jīng: Bú shì, tā shòushāng le.

和子：住哪个医院？
Hézǐ: Zhù nǎge yīyuàn?

刘京：可能是人民医院。
Liú Jīng: Kěnéng shì Rénmín Yīyuàn.

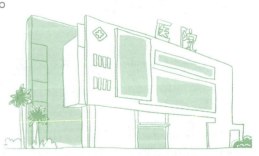

34 我头疼 I HAVE A HEADACHE

和子：现在情况怎么样？伤得重吗？
Hézǐ: Xiànzài qíngkuàng zěnmeyàng? Shāng de zhòng ma?

刘京：还不清楚，检查了才能知道。
Liú Jīng: Hái bù qīngchu, jiǎnchále cái néng zhīdào.

注释　Note

 王兰呢？ Where is Wang Lan?

"名/代 + 呢" 一般表示询问某人或某物在什么地方。"王兰呢"的意思是"王兰在哪儿"。

"Noun/pronoun + 呢" generally concerns the whereabouts of somebody or something. Therefore, "王兰呢" means "where is Wang Lan".

三　替换与扩展 Substitution and Extension

1. 替换 Substitution

(1) 请把<u>嘴</u> <u>张开</u>。

窗户	开开	照片	发过去
冰箱	打开	文件	放好
门	锁好		

(2) 我<u>找</u>了她两次，她都不<u>在</u>。

问	说	请	来
给	要	约	去

（3）我一下课就找她。　　到家　吃饭　放假　去旅行
　　　　　　　　　　　　　关灯　睡觉　起床　去锻炼

2. 扩展 Extension

（1）他 发了 两 天 烧，吃药 以后，今天 好多 了。
　　　Tā fāle liǎng tiān shāo, chī yào yǐhòu, jīntiān hǎoduō le.

（2）他 眼睛 做了 手术，下 星期 可以 出 院 了。
　　　Tā yǎnjing zuòle shǒushù, xià xīngqī kěyǐ chū yuàn le.

四 生词 New Words

1.	开始	kāishǐ	动	to begin
2.	把	bǎ	介	preposition used when the object is placed before the verb, and is the recipient of the action
3.	嘴	zuǐ	名	mouth
4.	张	zhāng	动	to open
5.	一……就……	yī……jiù……		no sooner...than...
6.	嗓子	sǎngzi	名	throat
7.	量	liáng	动	to measure
8.	体温	tǐwēn	名	body temperature
9.	发烧	fā shāo		to run a fever
10.	打针	dǎ zhēn		to give an injection

34 我头疼 I HAVE A HEADACHE

11.	住院	zhù yuàn		to be hospitalized
12.	受	shòu	动	to suffer from
13.	伤	shāng	名/动	wound; to wound
14.	情况	qíngkuàng	名	situation
15.	重	zhòng	形	serious
16.	文件	wénjiàn	名	file
17.	锁	suǒ	动/名	to lock; lock
18.	灯	dēng	名	light
19.	锻炼	duànliàn	动	to do physical training
20.	手术	shǒushù	名	operation
21.	出院	chū yuàn		to leave hospital

专名 Proper Noun

人民医院	Rénmín Yīyuàn	the People's Hospital

五 语法 Grammar

1. "把"字句（1） The "把" sentence (1)

（1）"把"字句常常用来强调说明动作对某事物如何处置及处置的结果。在"把"字句里，介词"把"和它的宾语——被处置的事物，必须放在主语之后、动词之前，起状语的作用。例如：

"把" sentence is usually used to stress how the object of a verb is disposed of and what result is brought about. In such a sentence, the preposition "把" and its object — the thing to be disposed of, should be inserted between the subject and the verb so as to function as an adverbial, e.g.

> ① 你把门开开。　　　　② 我把文件寄出去了。
> ③ 小王把那本书带来了。　④ 请把那儿的情况给我们介绍介绍。

（2）"把"字句有如下几个特点：
Some characteristics of the "把" sentence:

a. "把"的宾语是说话人心目中已确定的。不能说"把一杯茶喝了"，只能说"把那杯茶喝了"。
The object of "把" is something definite in the mind of the speaker. Therefore, one can say "把那杯茶喝了", but not "把一杯茶喝了".

b. "把"字句的主要动词一定是及物的，并带有处置或支配的意义。没有处置意义的动词，如"有""是""在""来""回""喜欢""知道"等，不能用于"把"字句。
The main verb of a "把" sentence should be transitive and has a meaning of disposing or controlling something. The verbs without such a meaning, e.g. "有" "是" "在" "来" "回" "喜欢" "知道" and so on can't be used in the "把" sentence.

c. "把"字句的动词后，必须有其他成分。比如不能说"我把门开"，必须说"我把门开开"。
In a "把" sentence, there must be some constituent that follows the verb. Thus, one may say "我把门开开", but not "我把门开".

2. 一……就…… no sooner...than...

（1）有时表示两件事紧接着发生。例如：
It sometimes means that two events occur in close succession, e.g.

> ① 他一下车就看见玛丽了。　② 他们一放假就都去旅行了。

（2）有时候前一分句表示条件，后一分句表示结果。例如：
Occasionally, the first part denotes the condition while the second part expresses the

result, e.g.

③ 他一累就头疼。　　　　④ 一下雪，路就很滑。

六 练习 Exercises

1. 给下面的词语配上适当的结果补语 Match the following words with appropriate complements of result

关 _____ 窗户　　　张 _____ 嘴　　　锁 _____ 门

开 _____ 灯　　　　吃 _____ 饭　　　修 _____ 自行车

洗 _____ 衣服　　　接 _____ 一个电话

2. 仿照例子，把下面的句子改成"把"字句 Change the following sentences into sentences with "把" by following the model

例 Example　他画好了一张画儿。➡ 他把那张画儿画好了。

（1）他打开了桌上的电脑。➡ _____

（2）我弄丢了小王的笔。➡ _____

（3）我们布置好了那个房间。➡ _____

（4）我摔坏了刘京的手机。➡ _____

3. 完成对话 Complete the following conversation

A：_____？

B：我刚一病就住院了。

A：_____？

B：现在还在检查，检查完了才能知道。

A：要我帮你做什么吗？

B：你下次来，_____。（把　书）

A：好。

4. 会话　Make a dialogue

大夫和看病的人对话。
Between a doctor and a patient.

提示：看病的人告诉大夫，他打球的时候，手受伤了，所以来医院看病。
Suggested points: The patient is telling the doctor that he hurt his hand while he was playing ball and this is the reason why he has come to the hospital.

5. 听后复述　Listen and retell

今天小王一起床就头疼，不想吃东西。他没去上课，去医院看病了。大夫给他检查了身体，问了他这两天的生活情况。

他不发烧，嗓子也不红，不是感冒。昨天晚上他玩儿电脑，睡得很晚，睡得也不好。头疼是因为（yīnwèi, because）睡得太少了。大夫没给他开药，告诉他回去好好儿睡一觉就会好的。

6. 语音练习　Phonetic drills

(1) 常用音节练习　Drills on the frequently used syllables

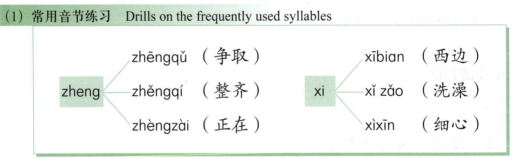

34 我头疼 I HAVE A HEADACHE

(2) 朗读会话 Read aloud the conversation

A: Dàifu, wǒ dùzi téng.

B: Shénme shíhou kāishǐ de?

A: Jīntiān zǎoshang.

B: Zuótiān nǐ chī shénme dōngxi le? Chī tài liáng de dōngxi le ma?

A: Hēle hěn duō bīng shuǐ.

B: Kěnéng shì yīnwèi hē de tài duō le, chī diǎnr yào ba.

35 你好点儿了吗
ARE YOU BETTER NOW

tànwàng
探望
TO PAY A VISIT

一 句子 Sentences

253 王兰被车撞伤了。
Wáng Lán bèi chē zhuàngshāng le.
Wang Lan was knocked down by a car.

254 带些水果什么的① 吧。
Dài xiē shuǐguǒ shénmede ba.
Let's bring some fruit and some other food.

255 医院前边修路，汽车到不了医院门口。
Yīyuàn qiánbian xiū lù, qìchē dào bu liǎo yīyuàn ménkǒu.
The road is being repaired in front of the hospital, so the car can't reach its gate.

256 从那儿走着去很近。
Cóng nàr zǒuzhe qù hěn jìn.
It's very close from there by walking.

257 你好点儿了吗？ Are you better now?
Nǐ hǎo diǎnr le ma?

258 看样子，你好多了。 You look much better.
Kàn yàngzi, nǐ hǎoduō le.

35 你好点儿了吗 ARE YOU BETTER NOW

259 | 我觉得一天比一天好。②
Wǒ juéde yì tiān bǐ yì tiān hǎo.
I am feeling better and better each day.

260 | 我们给你带来一些吃的。
Wǒmen gěi nǐ dàilai yìxiē chī de.
We've brought you something to eat.

二 会话 Conversations

1

玛丽： 听说王兰被车撞伤了，是吗？
Mǎlì: Tīngshuō Wáng Lán bèi chē zhuàngshāng le, shì ma?

刘京： 是的，她住院了。
Liú Jīng: Shì de, tā zhù yuàn le.

大卫： 哪个医院？
Dàwèi: Nǎge yīyuàn?

刘京： 人民医院。
Liú Jīng: Rénmín Yīyuàn.

大卫： 今天下午我们去看看她吧。
Dàwèi: Jīntiān xiàwǔ wǒmen qù kànkan tā ba.

玛丽： 好的。我们带点儿什么去？
Mǎlì: Hǎo de. Wǒmen dài diǎnr shénme qù?

大卫： 带些水果什么的吧。
Dàwèi: Dài xiē shuǐguǒ shénmede ba.

玛丽： 好，我们现在就去买。
Mǎlì: Hǎo. Wǒmen xiànzài jiù qù mǎi.

TO PAY A VISIT

刘京: 对了，最近人民医院前边修路，汽车到
Liú Jīng: Duìle, zuìjìn Rénmín Yīyuàn qiánbian xiū lù, qìchē dào

不了医院门口。
bu liǎo yīyuàn ménkǒu.

玛丽: 那怎么办？
Mǎlì: Nà zěnme bàn?

大卫: 我们在前一站下车，从那儿走着去很近。
Dàwèi: Wǒmen zài qián yí zhàn xià chē, cóng nàr zǒuzhe qù hěn jìn.

2

玛丽: 王兰，你好点儿了吗？
Mǎlì: Wáng Lán, nǐ hǎo diǎnr le ma?

刘京: 看样子，你好多了。
Liú Jīng: Kàn yàngzi, nǐ hǎoduō le.

王兰: 我觉得一天比一天好。
Wáng Lán: Wǒ juéde yì tiān bǐ yì tiān hǎo.

大卫: 我们给你带来一些吃的，保证你喜欢。
Dàwèi: Wǒmen gěi nǐ dàilai yìxiē chī de, bǎozhèng nǐ xǐhuan.

王兰: 谢谢你们。
Wáng Lán: Xièxie nǐmen.

玛丽: 你在这儿过得怎么样？
Mǎlì: Nǐ zài zhèr guò de zěnmeyàng?

王兰: 眼镜摔坏了，看不
Wáng Lán: Yǎnjìng shuāihuài le, kàn bu

了书。
liǎo shū.

35 你好点儿了吗 ARE YOU BETTER NOW

刘京：别着急，我拿去找人修。
Liú Jīng: Bié zháo jí, wǒ náqu zhǎo rén xiū.

大卫：你好好儿休息，下次我们再来看你。
Dàwèi: Nǐ hǎohāor xiūxi, xià cì wǒmen zài lái kàn nǐ.

王兰：不用了，大夫说我下星期就能出院。
Wáng Lán: Búyòng le, dàifu shuō wǒ xià xīngqī jiù néng chū yuàn.

大卫：真的？下个周末有聚会，我们等你
Dàwèi: Zhēn de? Xià ge zhōumò yǒu jùhuì, wǒmen děng nǐ

来参加。
lái cānjiā.

王兰：好，我一定准时到。
Wáng Lán: Hǎo, wǒ yídìng zhǔnshí dào.

注释 Notes

❶ 什么的 and so on, and so forth

用在一个成分或几个并列成分之后，表示"等等"或"……之类"的意思。例如："喝点儿咖啡、雪碧什么的；洗洗衣服、做做饭什么的"。一般不用于人或地方。
When "什么" takes "的" and is placed after an element or several parallel elements, it denotes "等等" (and so forth) or "……之类" (and such things), e.g. "喝点儿咖啡、雪碧什么的" "洗洗衣服、做做饭什么的". It is used neither for person nor place.

❷ 我觉得一天比一天好。 I am feeling better and better each day.

"一天比一天"作状语，表示随着时间的推移，事物变化的程度递增或递减。也可以说"一年比一年"或"一次比一次"等。
"一天比一天" as an adverbial, means that things are changing for the better or worse as time goes on. One may also say "一年比一年" or "一次比一次".

TO PAY A VISIT

替换与扩展 Substitution and Extension

1. 替换 Substitution

(1) 王兰被车撞伤了。

树	风	刮倒
沙发	孩子	弄脏
杯子	病人	摔坏
杂志	他	借走

(2) 我们给你带来一些吃的。

拿	糖
买	方便面
带	面包
借	英文小说

2. 扩展 Extension

(1) 天很黑，看样子要下雨了。
　　Tiān hěn hēi, kàn yàngzi yào xià yǔ le.

(2) 人民的生活一年比一年幸福。
　　Rénmín de shēnghuó yì nián bǐ yì nián xìngfú.

(3) 那个戴墨镜的人是谁？
　　Nàge dài mòjìng de rén shì shéi?

35 你好点儿了吗 ARE YOU BETTER NOW

四 生词 New Words

1.	被	bèi	介	used in a passive sentence to introduce the agent or doer
2.	撞	zhuàng	动	to knock down
3.	什么的	shénmede	助	and so on
4.	看样子	kàn yàngzi		it seems…, one looks…
5.	最近	zuìjìn	名	recently
6.	保证	bǎozhèng	动	to ensure
7.	眼镜	yǎnjìng	名	glasses
8.	着急	zháo jí	形	uneasy
9.	周末	zhōumò	名	weekend
10.	聚会	jùhuì	名/动	get-together; to gather
11.	准时	zhǔnshí	形	on time
12.	树	shù	名	tree
13.	倒	dǎo	动	to collapse
14.	杯子	bēizi	名	cup
15.	病人	bìngrén	名	patient
16.	杂志	zázhì	名	magazine
17.	糖	táng	名	sweets
18.	方便面	fāngbiànmiàn	名	instant noodles
19.	面包	miànbāo	名	bread
20.	黑	hēi	形	black

| 21. | 戴 | dài | 动 | to wear, to put on |
| 22. | 墨镜 | mòjìng | 名 | sunglasses |

五 语法 Grammar

被动句 Passive sentences

（1）用介词"被"引出动作的施动者构成被动句。这种句子多含有不如意的意思。例如：

The passive sentence with the preposition "被" introducing the agent of the action mostly imply unsatisfactory feeling, e.g.

① 王兰被车撞伤了。　② 树被大风刮倒了。

（2）"被"的施动者（宾语）有时可笼统表示，也可不引出施动者。例如：

The agent (the object) of "被" can sometimes generally indicated, or not be introduced, e.g.

③ 那本小说被人借走了。　④ 花瓶被打碎了。

（3）介词"让""叫"也可构成被动句，常用于非正式场合的口语中。"让""叫"引出的施动者（宾语）不可省略。例如：

The passive sentence with the preposition "让" or "叫" introducing the agent of the action is often used in the informal spoken language. The agent (the object) may not be omitted, e.g.

⑤ 窗户让风刮开了。　⑥ 那张画儿叫小孩弄脏了。

（4）意义上的被动。

Passive in meaning.

没有"被""让""叫"等介词标志，但实际意义是被动的，叫意义上的被动。例如：

In Chinese, some sentences without the prepositions such as "被" "让" and "叫" as the markers, but are passive in the actual meaning. Those are called the notional passive, e.g.

⑦ 眼镜摔坏了。　　　　⑧ 衣服洗干净了。

六　练习　Exercises

1. 熟读下列短语并选择几个造句　Read up on the following expressions and make sentences with some of them

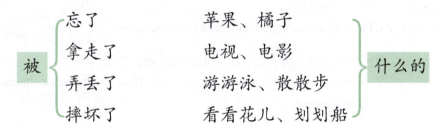

2. 用所给词语造被动句　Make passive sentences with the given words and expressions

例 Example　自行车　撞坏 → 我的自行车被汽车撞坏了。

（1）笔　　　　弄丢 → _____

（2）那本杂志　拿走 → _____

（3）照相机　　借走 → _____

（4）电脑　　　弄坏 → _____

3. 把下列"把"字句改为被动句 Change the following "把" sentences into passive ones

例 Example 我把眼镜摔坏了。➡ 眼镜被我摔坏了。

（1）妹妹把妈妈的手表弄丢了。 ➡ _____

（2）真糟糕，我把他的名字写错了。 ➡ _____

（3）他把文件忘在出租车上了。 ➡ _____

（4）他把房卡拿走了。 ➡ _____

（5）大风把小树刮倒了。 ➡ _____

4. 会话 Make a dialogue

去医院看病人，与病人一起谈话。
You go to a hospital to visit a patient and have a chat with him/her.

提示：医院生活怎么样，病（的）情（况）怎么样，要什么东西等。
Suggested points: What is his/her life like in the hospital? How about his/her illness? What does he/she need?

5. 听后复述 Listen and retell

小王住院了，上星期六我们去看她。她住的病房有三张病床。两张病床有人，有一张是空（kōng, empty）的。我们去看她的时候，她正躺着看书呢。看见我们，她高兴极了。她说想出院。我们劝（quàn, to persuade）她不要着急，出院后我们帮她补（bǔ, to coach）英语，想吃什么就给她送去。她很高兴，不再说出院的事了。

35 你好点儿了吗 ARE YOU BETTER NOW

6. 语音练习 Phonetic drills

(1) 常用音节练习 Drills on the frequently used syllables

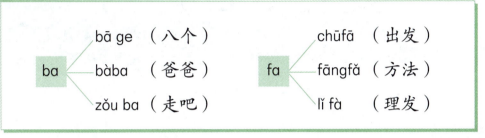

(2) 朗读会话 Read aloud the conversation

A: Qǐngwèn, Wáng Lán zhù zài jǐ hào bìngfáng?

B: Tā zài wǔ hào yī chuáng, kěshì jīntiān bù néng kàn bìngrén.

A: Wǒ yǒu diǎnr jí shì, ràng wǒ jìnqu ba.

B: Shénme shì?

A: Tā xiǎng chī bīngjīlíng, xiànzài bú sòngqu, jiù děi hē bīng shuǐ le.

B: Méi guānxi, wǒ kěyǐ bāng nǐ bǎ bīngjīlíng gěi tā sòng jinqu.

复习（七）
REVIEW (Ⅶ)

一 会话 Conversations

A：你去过四川（Sìchuān, Sichuan Province）吗？看过乐山大佛（Lèshān Dàfó, the Giant Buddha at Leshan）吗？

B：我去过四川，可是没看过乐山大佛。

A：没看过？那你一定要去看看这尊（zūn, a measure word）有名的大佛！

B：乐山大佛有多大？

A：他坐着从头到脚（jiǎo, foot）就有71米（mǐ, metre）。他的头有14米长，耳朵（ěrduo, ear）有7米长。

B：啊，真大啊！那他的脚一定更大了。

A：那当然。大佛的脚有多大，我记不清楚了。不过可以这样说，他的一只脚上可以停五辆汽车。

B：真了不起（liǎobuqǐ, extraordinary）！这尊大佛是什么时候修建（xiūjiàn, to build）的？

A：唐代（Táng Dài, Tang Dynasty）就修建了。大佛在那儿已经（yǐjīng, already）坐了一千（qiān, thousand）多年了。你看，这些照片都是在那儿照的。

B：照得不错。那儿的风景也很美。你是什么时候去的？

A：2019年9月坐船去的。我还想再去一次呢。

B：听了你的介绍，我一定要去看看这尊大佛。要是你有时间，我们一起去，就可以请你当导游了。

A：没问题。

二 语法 Grammar

（一）几种补语 Several kinds of complements

1. 状态补语 The complement of state

状态补语一般由形容词充任，动词短语等也可作状态补语。状态补语必须带"得"。例如：

A complement of state is usually made up of an adjective. But a verb phrase can also be used as a complement of state. All complements of state must be preceded by "得", e.g.

① 老师说得很慢。　② 他急得跳了起来。

③ 他高兴得不知道说什么好。

2. 程度补语 The complement of degree

表示性质状态的程度。"死了""极了"作程度补语时，前面不加"得"；副词"很"、形容词"多"等作程度补语时，前面加"得"。例如：

It describes the degree of a state. When "死了" "极了" are used as the complement of degree, "得" cannot be added in front; When the adverb "很", the adjective "多", etc. are used as the complement of degree, "得" must be added in front, e.g.

① 今天热死了。

② 那只小狗可爱极了。　　　不带"得"的程度补语
the complement of degree without "得"

③ 中国的名胜古迹多得很。
④ 这儿比那儿冷得多。
} 带"得"的程度补语
the complement of degree with "得"

3. **结果补语** The complement of result

① 你看见和子了吗？　　② 玛丽住在九号楼。
③ 我把啤酒放在冰箱里了。　④ 我拿走了他的汉语书。

4. **趋向补语** The complement of direction

① 王老师从楼上下来了。　　② 玛丽进大厅去了。
③ 他买回来很多水果。　　④ 那个包你放进衣柜里去吧。

5. **可能补语** The complement of potential

结果补语、简单或复合趋向补语前加"得"或"不"，都可以构成可能补语。例如：
Either a complement of result, or a simple or compound complement, if preceded by "得" or "不", can constitute a complement of potential, e.g.

① 练习不太多，今天晚上我做得完。
② 我听不懂你说的话。
③ 现在去长城，下午两点回得来回不来？
④ 衣柜很小，这个包放不进去。

6. **数量补语** The complement or quantity

① 姐姐比妹妹大三岁。　　② 大卫比我高一点儿。
③ 那种咖啡比这种便宜六块多钱。

7. 动量补语　The complement of frequency

① 来北京以后，他只去过一次动物园。
② 我去找了他两次。

8. 时量补语　The complement of duration

① 我们休息了二十分钟。　② 他只学了半年汉语。
③ 大卫做练习做了一个小时。　④ 小王已经毕业两年了。

（二）结构助词"的""得""地"　The structural particles "的" "得" and "地"

1. 的

"的"用在定语和中心语之间。例如：
"的" is used between an attributive and a headword, e.g.

① 穿白衣服的同学是他的朋友。
② 那儿有个很大的商店。

2. 得

"得"用在动词、形容词和补语之间。例如：
"得" is put between a verbal or adjectival predicate and a complement, e.g.

① 我的朋友在北京过得很愉快。
② 这些东西你拿得了拿不了？

3. 地

"地"用在状语和动词之间。例如：

"地" is inserted between an adverbial adjunct and a verbal predicate, e.g.

① 大卫高兴地说："我这次考了100分。"

② 中国朋友热情地欢迎我们。

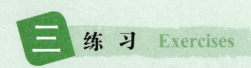

1. 按照实际情况说话 Talk about the following topics according to the actual situations

（1）说说你的宿舍是怎么布置的。（用上"着"）

（2）说说你一天的生活。（用上趋向补语"来""去"）

（3）介绍一次旅游的情况。（买票　找酒店　参观　游览）

2. 会话 Make dialogues

（1）旅游　Travel

　　A. 买票　Buy a ticket

到……的票还有吗？
预订……张……（时间）的票。
要一等座（二等座）。

要哪次的？
几点开（起飞）？
坐……要多长时间？

　　B. 酒店　Hotel

有洗衣房吗？
还有标准间（biāozhǔnjiān, standard room）/套房（tàofáng, suite）吗？

住一天多少钱？
餐厅[游泳池（yóuyǒngchí, swimming pool)、咖啡厅……]在哪儿？

C. 参观游览　Go on a sightseeing tour

这儿的风景……	顺便到……
有什么名胜古迹？	跟……一起……
先去……再去……	当导游

（2）看病　See a doctor

你怎么了？	不舒服
量一下儿体温吧。	头疼
发烧，……度。	嗓子疼
感冒了。	咳嗽
吃点儿药。	什么病？
一天吃……次。	
一天打……针。	
住（出）院吧。	

（3）探望　See a patient

什么时候能看病人？	谢谢你来看我。
给他买点儿什么？	（你们）太客气了。
你好点儿了吗？	现在好多了。
看样子，你……	
别着急，好好儿休息。	
你想要什么东西吗？	
医院的生活怎么样？	
什么时候出院？	

3. 完成对话　Complete the following conversation

A：玛丽，天津离北京这么近，星期四我们去玩儿玩儿吧。

B：好，我们可以让_____。

A：不行，小刘病了。

B：_____？

A：她发烧、咳嗽。

B：_____？我怎么不知道？

A：昨天晚上开始的。

B：_____，我们自己去不方便。

A：也好，等小刘好了再去吧。

4. 语音练习　Phonetic drills

（1）声调练习：第一声+第三声　Drills on tones: 1st tone + 3rd tone

　　yāoqǐng　　（邀请）

　　yāoqǐng qīnyǒu　　（邀请亲友）

　　yāoqǐng qīnyǒu hē jiǔ　　（邀请亲友喝酒）

（2）朗读会话　Read aloud the conversation

　　A: Dàifu, wǒ sǎngzi téng.

　　B: Yǒudiǎnr hóng, yào duō hē shuǐ.

　　A: Wǒ hē de bù shǎo.

　　B: Bié chī de tài xián.

　　A: Wǒ zhīdào.

　　B: Xiànzài nǐ qù ná yào, yàoshi bù hǎo, zài lái kàn.

　　A: Hǎo, xièxie. Zàijiàn!

gào bié 告别 DEPARTURE

36 我要回国了
I'LL BE BACK TO MY COUNTRY

一 句子 Sentences

261 好久不见了。I haven't seen you for ages.
Hǎojiǔ bú jiàn le.

262 你今天怎么有空儿来了？
Nǐ jīntiān zěnme yǒu kòngr lái le?
What brings you here today?

263 我来向您告别。I've come to say good-bye to you.
Wǒ lái xiàng nín gào bié.

264 我常来打扰您，很过意不去。
Wǒ cháng lái dǎrǎo nín, hěn guò yì bú qù.
I am sorry to trouble you so often.

265 您那么忙，不用送我了。
Nín nàme máng, búyòng sòng wǒ le.
Don't bother to see me off. You are so busy.

266 我一边学习，一边工作。
Wǒ yìbiān xuéxí, yìbiān gōngzuò.
I study while I work.

267 朋友们有的知道，有的不知道。
Péngyoumen yǒude zhīdào, yǒude bù zhīdào.
Some friends know this, but others don't.

268 | 趁 这 两 天 有 空儿， 我 去 向 他们 告 别。
Chèn zhè liǎng tiān yǒu kòngr, wǒ qù xiàng tāmen gào bié.
I'll go and say good-bye to them, as I am free in the next few days.

二 会 话 Conversations

1

玛丽： 您 好， 王 先 生！
Mǎlì: Nín hǎo, Wáng xiānsheng!

王： 玛丽， 好久不见了。今天怎么有空儿来了？
Wáng: Mǎlì, hǎojiǔ bú jiàn le. Jīntiān zěnme yǒu kòngr lái le?

玛丽： 我 来 向 您 告 别。
Mǎlì: Wǒ lái xiàng nín gào bié.

王： 你要去哪儿？
Wáng: Nǐ yào qù nǎr?

玛丽： 我要回国了。
Mǎlì: Wǒ yào huí guó le.

王： 日子过得真快，你来北京已经一年了。
Wáng: Rìzi guò de zhēn kuài, nǐ lái Běijīng yǐjīng yì nián le.

玛丽： 常 来 打 扰 您， 很 过意不去。
Mǎlì: Cháng lái dǎrǎo nín, hěn guò yì bú qù.

王： 哪儿的话①，因为忙，对你的照顾很不够。
Wáng: Nǎr de huà, yīnwèi máng, duì nǐ de zhàogù hěn bú gòu.

36 我要回国了 I'LL BE BACK TO MY COUNTRY

玛丽： 您 太客气了。
Mǎlì: Nín tài kèqi le.

王： 哪天走？我去送你。
Wáng: Nǎ tiān zǒu? Wǒ qù sòng nǐ.

玛丽： 您 那么 忙，不用
Mǎlì: Nín nàme máng, búyòng

送 了。
sòng le.

2

刘京： 这 次 回国，你 准备 工作 还是 继续 学习？
Liú Jīng: Zhè cì huí guó, nǐ zhǔnbèi gōngzuò háishi jìxù xuéxí?

大卫： 我 打算 考 研究生，一边 学习，一边
Dàwèi: Wǒ dǎsuàn kǎo yánjiūshēng, yìbiān xuéxí, yìbiān

工作。
gōngzuò.

刘京： 那很辛苦啊。
Liú Jīng: Nà hěn xīnkǔ a.

大卫： 没 什么，我们 那儿 很 多 人 都 这样。
Dàwèi: Méi shénme, wǒmen nàr hěn duō rén dōu zhèyàng.

刘京： 你 要 回国 的 事，朋友们 都 知道 了 吗？
Liú Jīng: Nǐ yào huí guó de shì, péngyoumen dōu zhīdào le ma?

大卫： 有 的 知 道，有 的 不 知 道。趁 这 两 天 有
Dàwèi: Yǒude zhīdào, yǒude bù zhīdào. Chèn zhè liǎng tiān yǒu

空 儿，我 去 向 他 们 告 别。
kòngr, wǒ qù xiàng tāmen gào bié.

DEPARTURE

注释 Note

1. 哪儿的话。　You are much too polite.

   用在答话里表示否定的客气话，一般用在对方表示自谦或抱歉时。
   "哪儿的话" has a negative connotation and is a common polite reply to somebody's self-abasement or sorriness.

三 替换与扩展 Substitution and Extension

1. 替换 Substitution

(1) 你 来北京已经一年了。

他	离开上海	两年
我	起床	一刻钟
小王	去欧洲	三个月

(2) 他一边学习，一边工作。

看新闻	下载文件
跳舞	唱歌
喝茶	讨论
散步	聊天儿

(3) 朋友们有的知道，有的不知道。

同学	来	不来
老师	参加	不参加
孩子	喜欢	不喜欢

36 我要回国了 I'LL BE BACK TO MY COUNTRY

2. 扩展 Extension

（1）这两天我得去办各种手续，没时间去向你告别了。请原谅。
Zhè liǎng tiān wǒ děi qù bàn gè zhǒng shǒuxù, méi shíjiān qù xiàng nǐ gào bié le. Qǐng yuánliàng.

（2）有几位老朋友好久不见了，趁出差的机会去看看他们。
Yǒu jǐ wèi lǎo péngyou hǎojiǔ bú jiàn le, chèn chū chāi de jīhui qù kànkan tāmen.

四 生词 New Words

1.	好久	hǎojiǔ	形	for a long time
2.	向	xiàng	介	to, towards
3.	告别	gào bié		to depart, to say good-bye
4.	打扰	dǎrǎo	动	to trouble, to bother
5.	过意不去	guò yì bú qù		to be sorry
6.	那么	nàme	代	in this way, like that
7.	一边……一边……	yìbiān……yìbiān……		at the same time
8.	们	men	尾	*plural suffix*
9.	有的	yǒude	代	some
10.	趁	chèn	介	while

DEPARTURE 173

11.	日子	rìzi	名	time, days
12.	已经	yǐjīng	副	already
13.	因为	yīnwèi	连	because
14.	照顾	zhàogù	动	to take care of
15.	够	gòu	动	to be enough
16.	准备	zhǔnbèi	动	to prepare
17.	继续	jìxù	动	to continue
18.	打算	dǎsuàn	动 / 名	to plan, to want; plan, intention
19.	研究生	yánjiūshēng	名	post-graduate
20.	离开	líkāi		to leave
21.	下载	xiàzài	动	to download
22.	聊天儿	liáo tiānr		to chat
23.	手续	shǒuxù	名	procedure
24.	老	lǎo	形	old, veteran
25.	机会	jīhui	名	chance, opportunity

专名 Proper Noun

| 欧洲 | Ōuzhōu | Europe |

36 我要回国了　I'LL BE BACK TO MY COUNTRY

五 语法　Grammar

1. 时量补语（3）　The complement of duration (3)

有些动词，如"来""去""到""下（课）""离开"等加时量补语，不是表示动作的持续，而是表示从发生到某时（或说话时）的一段时间。动词后有宾语时，时量补语要放在宾语之后。例如：

Some actions, e.g. "来" "去" "到" "下（课）" "离开", are not durational. If one wants to indicate the period from the time an action occurs to a later specific point time (or time of speaking), one may use a complement of duration. When an object follows a verb, the complement of duration is put after the object, e.g.

① 他来北京一年了。　　② 下课十五分钟了。

2. 有的……有的……　some…and the others…

（1）代词"有的"作定语时，常指它所修饰的名词的一部分，可以单用，也可以两三个连用。例如：

When "有的" is used as an attributive, it modifies the noun, usually referring to some of the entities denoted by that noun. It can occur once, twice or thrice in a sentence, e.g.

① 有的话我没听懂。

② 我们班有的同学喜欢看电影，有的（同学）喜欢听音乐，有的（同学）喜欢上网。

（2）如果所修饰的名词前面已出现过，名词也可以省略。例如：
If the noun it modifies has appeared before, the noun can be omitted, e.g.

③ 他的书很多，有的是中文的，有的是英文的。

六 练习 Exercises

1. 熟读下列短语并选择几个造句 Read up on the following expressions and make sentences with some of them

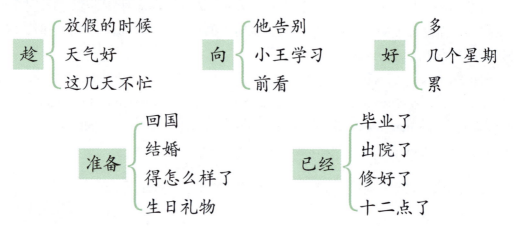

2. 选择适当的词语完成句子 Complete the following sentences with appropriate words

有的　　继续　　撞　　老　　出差　　够

(1) 你的病还没好，应该_____。

(2) 我饿极了，两个面包_____。

(3) 他已经五十岁了，可是看样子_____。

(4) 他_____，很少在家。

(5) 那棵小树昨天被汽车_____。

(6) 我有很多中国朋友，_____。

3. 给下面的词语选择适当的位置 Insert the given words into the following setences at the suitable places

(1) 李成日 A 离开 B 北京 C 了。（一年）

36 我要回国了　I'LL BE BACK TO MY COUNTRY

（2）他 A 去 B 医院 C 了。（两个半小时）

（3）他 A 大学 B 毕业 C 了。（两年）

（4）他 A 已经 B 起床 C 了。（半个小时）

（5）他们 A 结 B 婚 C 了。（十多年）

4. 按照实际情况回答问题　Answer the following questions according to the actual situations

（1）你来北京多长时间了？

（2）你什么时候中学毕业的？毕业多长时间了？

（3）你现在穿的这件衣服买了多长时间了？

（4）你离开你们国家多长时间了？

5. 完成对话　Complete the following conversation

A：小王，我要回国了。

B：＿＿＿＿＿＿＿＿＿＿？

A：二十号晚上走。

B：＿＿＿＿＿＿＿＿＿＿？

A：准备得差不多了。

B：＿＿＿＿＿＿＿＿＿＿？

A：不用帮忙，我自己可以。

B：＿＿＿＿＿＿＿＿＿＿？

A：你很忙，不用送我了。

6. 会话　Make a dialogue

你来中国的时候向朋友告别。
You bid farewell to your friends when you left for China.

提示：朋友问你学什么，学习多长时间；你问他们有没有要办的事等。
Suggested points: Your friends asked what you would study and how long you would study. You asked what you could do for them.

7. 听后复述　Listen and retell

明天我要去旅行。这次去的时间比较长，得去向朋友告别一下儿，可是老张住院了。

在北京的这些日子里，老张像家里人一样照顾我。我也常去打扰他，我觉得很过意不去。今天不能去跟他告别，我就给他发了一个长长的微信，向他问好。希望（xīwàng, to hope）我回来的时候他已经出院了。

8. 语音练习　Phonetic drills

(1) 常用音节练习　Drills on the frequently used syllables

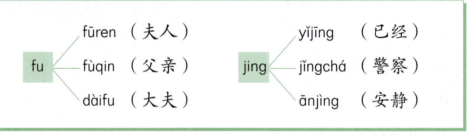

(2) 朗读会话　Read aloud the conversation

A: Wáng Lán, wǒ xiàng nǐ gào bié lái le.

B: Zhēn qiǎo, wǒ zhèng yào qù kàn nǐ ne. Qǐng jìn.

A: Nǐ nàme máng, hái chángcháng zhàogù wǒ, fēicháng gǎnxiè.

B: Nǎr de huà, zhàogù de hěn bú gòu.

jiànxíng
饯行
TO GIVE A FAREWELL DINNER

37 真舍不得你们走
WE ARE SORRY TO LET YOU GO

一 句子 Sentences

269　回国的日子越来越近了。
Huí guó de rìzi yuè lái yuè jìn le.
The day of returning home is drawing near.

270　虽然时间不长，但是我们的友谊
Suīrán shíjiān bù cháng, dànshì wǒmen de yǒuyì
很深。
hěn shēn.
We haven't stayed together for long, but we have already built up profound friendship.

271　我们把联系方式都记在手机上了。
Wǒmen bǎ liánxì fāngshì dōu jì zài shǒujī shang le.
We've already written down the contact information on our phones.

272　让我们一起照张相吧！
Ràng wǒmen yìqǐ zhào zhāng xiàng ba!
Let's have a photo taken together.

273　除了去实习的以外，都来了。
Chúle qù shíxí de yǐwài, dōu lái le.
Except for those in an internship, everybody is here.

274 | 你用汉语唱个歌吧。
Nǐ yòng Hànyǔ chàng ge gē ba.
Please sing us a Chinese song.

275 | 我唱完就该你们了。
Wǒ chàngwán jiù gāi nǐmen le.
It will be your turn after I have finished singing.

276 | 真不知道说什么好。
Zhēn bù zhīdào shuō shénme hǎo.
I really don't know what to say.

二 会话 Conversations

1

和子：回国的日子越来越近了。
Hézǐ: Huí guó de rìzi yuè lái yuè jìn le.

王兰：真舍不得你们走。
Wáng Lán: Zhēn shěbudé nǐmen zǒu.

大卫：是啊，虽然时间不长，
Dàwèi: Shì a, suīrán shíjiān bù cháng,

但是我们的友谊很深。
dànshì wǒmen de yǒuyì hěn shēn.

玛丽：我们把联系方式都记在手机上了，
Mǎlì: Wǒmen bǎ liánxì fāngshì dōu jì zài shǒujī shang le,

发微信，视频聊天儿又快又方便。
fā wēixìn, shìpín liáo tiānr yòu kuài yòu fāngbiàn.

37 真舍不得你们走 — WE ARE SORRY TO LET YOU GO

刘京：你们还会有机会来中国的。
Liú Jīng: Nǐmen hái huì yǒu jīhui lái Zhōngguó de.

和子：要是来北京，一定来看你们。
Hézǐ: Yàoshi lái Běijīng, yídìng lái kàn nǐmen.

大卫：让我们一起照张相吧！
Dàwèi: Ràng wǒmen yìqǐ zhào zhāng xiàng ba!

玛丽：好，多照几张，留作纪念。
Mǎlì: Hǎo, duō zhào jǐ zhāng, liú zuò jìniàn.

2

玛丽：参加欢送会的人真多。
Mǎlì: Cānjiā huānsònghuì de rén zhēn duō.

刘京：除了去实习的以外，都来了。
Liú Jīng: Chúle qù shíxí de yǐwài, dōu lái le.

和子：开始演节目了。
Hézǐ: Kāishǐ yǎn jiémù le.

大卫：玛丽，你用汉语唱个歌吧。
Dàwèi: Mǎlì, nǐ yòng Hànyǔ chàng ge gē ba.

玛丽：我唱完就该你们了。
Mǎlì: Wǒ chàngwán jiù gāi nǐmen le.

王兰：各班的节目很多，很精彩。
Wáng Lán: Gè bān de jiémù hěn duō, hěn jīngcǎi.

和子：同学和老师这么
Hézǐ: Tóngxué hé lǎoshī zhème

热情地欢送我们，
rèqíng de huānsòng wǒmen,

TO GIVE A FAREWELL DINNER

真 不 知道 说 什么 好。
zhēn bù zhīdào shuō shénme hǎo.

刘京：祝贺 你们 取得了 好 成绩。
Liú Jīng: Zhùhè nǐmen qǔdéle hǎo chéngjì.

王兰：祝 你们 更 快 地 提高
Wáng Lán: Zhù nǐmen gèng kuài de tígāo

中 文 水 平。
Zhōngwén shuǐpíng.

三 替换与扩展 Substitution and Extension

1. 替换 Substitution

(1) 回国的日子越来越近了。

他的发音	好
旅游的人	多
他的技术水平	高
北京的天气	暖和

(2) 虽然时间不长，但是我们的友谊很深。

年纪很大	身体很好
路比较远	交通比较方便
学习的时间很短	提高得很快

(3) 我们把联系方式都记在手机上了。

字	写	黑板上
汽车	停	停车场
地图	挂	墙上
通知	贴	黑板左边

37 真舍不得你们走 WE ARE SORRY TO LET YOU GO

2. 扩展 Extension

（1）他 除了 英语 以外， 别 的 语言 都 不 会。
　　 Tā chúle Yīngyǔ yǐwài, bié de yǔyán dōu bú huì.

（2）这 次 篮球 比赛 非常 精彩， 你 没 去 看， 真 可惜。
　　 Zhè cì lánqiú bǐsài fēicháng jīngcǎi, nǐ méi qù kàn, zhēn kěxī.

四 生词 New Words

1.	越来越……	yuè lái yuè……		more and more
2.	虽然…… 但是……	suīrán…… dànshì……		though
3.	深	shēn	形	deep, profound
4.	方式	fāngshì	名	way, mode, manner
5.	记	jì	动	to write down, to record
6.	实习	shíxí	动	to do field practice, to practise
7.	该	gāi	动	to take turns
8.	舍不得	shěbudé	动	to hate to part with…
9.	视频	shìpín	名	video
10.	欢送会	huānsònghuì	名	farewell party
11.	节目	jiémù	名	program
12.	精彩	jīngcǎi	形	excellent, brilliant
13.	热情	rèqíng	形	enthusiastic, warm
14.	欢送	huānsòng	动	to send off, to see off

15.	取得	qǔdé	动	to achieve
16.	旅游	lǚyóu	动	to travel
17.	水平	shuǐpíng	名	level
18.	年纪	niánjì	名	age
19.	黑板	hēibǎn	名	blackboard
20.	墙	qiáng	名	wall
21.	贴	tiē	动	to stick, to paste, to put up
22.	左边	zuǒbian	名	the left side

五 语法 Grammar

1. "虽然……但是……" 复句　The complex sentence with "虽然……但是……"

关联词"虽然"和"但是（可是）"可以构成表示转折关系的复句。"虽然"放在第一分句的主语前或主语后，"但是（可是）"放在第二分句句首。例如：

The conjunctions "虽然" and "但是" (or "可是") may be used to form a complex sentence denoting a transitional relationship. "虽然" is put before or after the subject in the first clause, while "但是" (or "可是") is placed at the beginning of the second clause, e.g.

① 虽然下雪，但是天气不太冷。

② 今天我虽然很累，但是玩儿得很高兴。

③ 虽然他没来过北京，可是对北京的情况知道得很多。

2. "把"字句（2） The "把" sentence (2)

（1）如果要说明受处置的事物或人通过动作处于某处，必须用"把"字句。例如：
The "把" sentence is used if one wants to show that a thing or a person which is disposed through the action denoted by the verb has reached a certain place, e.g.

> ① 我们把联系方式记在手机上了。
> ② 我把啤酒放进冰箱里了。
> ③ 他把汽车开到学校门口了。

（2）说明受处置的事物通过动作交给某一对象时，在一定条件下也要用"把"字句。例如：
In some circumstances, the "把" sentence should also be used if one wants to show the change of hands of something from one person to another, e.g.

> ④ 我把钱交给那个售货员了。
> ⑤ 把这些饺子留给大卫吃。

六 练习 Exercises

1. 选词填空 Fill in the blanks with the words given

舍不得　　精彩　　该　　机会　　记　　热情

（1）昨天的游泳比赛很_____，运动员的水平很高。

（2）我都站了一个小时了，现在我们_____坐一会儿了。

（3）来中国学习是很好的_____，我一定好好儿学习。

（4）我的联系方式你都_____下来了吧？

（5）那个饭店的服务员很_____。

（6）这块蛋糕她_____吃，因为妹妹喜欢吃，她要留给妹妹。

2. 仿照例子，用"越来越……"改写句子　Rewrite the following sentences with "越来越……" by following the model

例 Example　刚才雪很大，现在更大。→ 雪（下得）越来越大了。

（1）冬天快过去了，天气慢慢地暖和了。

→ _____

（2）他的汉语比刚来的时候好多了。

→ _____

（3）张老师的小女儿一年比一年漂亮。

→ _____

（4）参加欢送会的人比刚开始的时候多了。

→ _____

（5）大家讨论以后，这个问题比以前清楚了。

→ _____

3. 用所给词语造"把"字句　Make sentences with "把" by using the words given

例 Example　汽车　停　九号楼前边 → 他把汽车停在九号楼前边了。

（1）名字　写　本子上　→ _____

（2）手机　放　桌子上　→ _____

（3）钱包　忘　家里　→ _____

（4）衬衫　挂　衣柜里　→ _____

37 真舍不得你们走 WE ARE SORRY TO LET YOU GO

4. 完成对话 Complete the following conversation

A：小张，你要去法国留学了，祝你顺利！

B：祝你学习 _____ ！

张：谢谢你们！为 _____ 干杯！

A：_____ 。

张：我一到那儿就给你们打电话。

B：_____ 。

张：我一定注意身体。谢谢！

5. 会话 Make a dialogue

说说开茶话会欢送朋友回国的情况。
Say something about the tea party held to give a send-off to your friend going back to his country.

提示：一边喝茶一边谈话，你对朋友说些什么，朋友说些什么。
Suggested points: You had a chat over a cup of tea. What did you say to your friend? What did your friend say to you in return?

6. 听后复述 Listen and retell

　　我在这儿学了三个月汉语，下星期一要回国了。虽然我在中国的时间不长，可是认识了不少中国朋友和别的国家的朋友。我们的友谊越来越深。我真舍不得离开他们。要是以后有机会，我一定会再来中国。

7. 语音练习　Phonetic drills

(1) 常用音节练习　Drills on the frequently used syllables

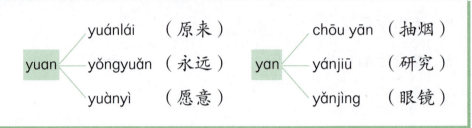

(2) 朗读会话　Read aloud the conversation

A: Míngtiān wǒmen gěi Lǐ Hóng kāi ge huānsònghuì ba.

B: Duì, tā chū guó shíjiān bǐjiào cháng.

C: Děi zhǔnbèi yìxiē shuǐguǒ hé lěngyǐn.

A: Bié wàngle zhào xiàng.

B: Yě bié wàngle liú tā de liánxì fāngshì.

tuōyùn
托运
SHIPMENT

38 这儿托运行李吗

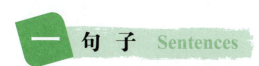
IS THIS THE PLACE FOR CHECKING LUGGAGE

一 句子 Sentences

277 可以海运，不但省钱，而且很方便。
Kěyǐ hǎiyùn, búdàn shěng qián, érqiě hěn fāngbiàn.
You can have it shipped through the post office, it is not only too comparatively cheap, but also convenient.

278 我记不清楚了。 I can't remember it clearly.
Wǒ jì bu qīngchu le.

279 请问，你们托运行李吗？
Qǐngwèn, nǐmen tuōyùn xíngli ma?
Can you tell me if we can check our luggage here?

280 运费怎么算？
Yùnfèi zěnme suàn?
How do you calculate the cost of transportation?

281 按(照)重量或按体积收费都行。
Àn (zhào) zhòngliàng huò àn tǐjī shōu fèi dōu xíng.
You should pay according to this price list.

282 你把东西运来吧。
Nǐ bǎ dōngxi yùnlai ba.
You may ship your luggage here.

SHIPMENT 189

283 | 我的行李很大，一个人搬不动。
Wǒ de xíngli hěn dà, yí ge rén bān bu dòng.
My luggage is so big that I can't carry it myself.

284 | 为了方便顾客，我们也可以去取。
Wèile fāngbiàn gùkè, wǒmen yě kěyǐ qù qǔ.
For the convenience of customers, we can also pick them up.

二 会话 Conversations

1

刘京：你这么多行李，坐飞机的话，一定超重。
Liú Jīng: Nǐ zhème duō xíngli, zuò fēijī dehuà, yídìng chāo zhòng.

和子：那怎么办？
Hézǐ: Nà zěnme bàn?

王兰：可以海运，不但省钱，而且很方便。
Wáng Lán: Kěyǐ hǎiyùn, búdàn shěng qián, érqiě hěn fāngbiàn.

刘京：对，海运比较便宜。
Liú Jīng: Duì, hǎiyùn bǐjiào piányi.

和子：海运要多长时间？
Hézǐ: Hǎiyùn yào duō cháng shíjiān?

38 这儿托运行李吗　IS THIS THE PLACE FOR CHECKING LUGGAGE

刘京：我 记 不 清楚 了，打
Liú Jīng: Wǒ jì bu qīngchu le, dǎ

电话 问问 客服 吧。
diànhuà wènwen kèfú ba.

和子：好，现在 我 就 打 电话。
Hézǐ: Hǎo, xiànzài wǒ jiù dǎ diànhuà.

2 （和子给邮局客服人员打电话）

和子：请 问，你们 托运 行李 吗？
Hézǐ: qǐngwèn, nǐmen tuōyùn xíngli ma?

客服人员：托 运。你 要 运 到 哪儿？
Kèfú rényuán: Tuōyùn. Nǐ yào yùndào nǎr?

和子：日 本。要 多 长 时 间？
Hézǐ: Rìběn. Yào duō cháng shíjiān?

客服人员：大 概 一 个 多 月。
Kèfú rényuán: Dàgài yí ge duō yuè.

和子：运 费 怎 么 算？
Hézǐ: Yùnfèi zěnme suàn?

客服人员：按照 这个 价目表 收 费，一般 按（照）
Kèfú rényuán: Ànzhào zhège jiàmùbiǎo shōu fèi, yìbān àn (zhào)

重量 或 按 体积 都 行。你 把 东西
zhòngliang huò àn tǐjī dōu xíng. Nǐ bǎ dōngxi

运 来 吧。
yùnlai ba.

和子：我 的 行李 很 大， 一个 人 搬 不 动。
Hézǐ: Wǒ de xíngli hěn dà, yí ge rén bān bu dòng.

客服人员：没 关系， 为 了 方便 顾客， 我们 也 可以
Kèfú rényuán: Méi guānxi, wèile fāngbiàn gùkè, wǒmen yě kěyǐ

去 取。
qù qǔ.

和子：那 太 好 了！
Hézǐ: Nà tài hǎo le!

三 替换与扩展 Substitution and Extension

1. 替换 Substitution

(1) <u>坐飞机</u>的话，
你的行李
一定<u>超重</u>。

开车	你们	要注意安全
下雪	路上	很滑
放假	他们	去旅行

(2) 我<u>记</u>不<u>清楚</u>了。

| 做 | 完 | 洗 | 干净 |
| 搬 | 动 | 去 | 了 |

(3) 你可以把<u>东西</u> <u>运来</u>。

王大夫	请来
这个包	带去
修好的手表	取来

38 这儿托运行李吗 IS THIS THE PLACE FOR CHECKING LUGGAGE

2. 扩展 Extension

(1) 一个月的水费、电费、房费不少。
　　Yí ge yuè de shuǐfèi、diànfèi、fángfèi bù shǎo.

(2) 以前我在国际交流中心见过他。
　　Yǐqián wǒ zài Guójì Jiāoliú Zhōngxīn jiànguo tā.

(3) 我打听一下儿，明天大使馆办公不办公？
　　Wǒ dǎting yíxiàr, míngtiān dàshǐguǎn bàn gōng bu bàn gōng?

四 生词 New Words

1.	托运	tuōyùn	动	to consign for transportation
2.	海运	hǎiyùn	动	to transport by sea
3.	不但……而且……	búdàn…… érqiě……		not only...but also...
4.	运费	yùnfèi	名	transportation expense
5.	算	suàn	动	to calculate
6.	按（照）	ànzhào	介	by, according to
7.	运	yùn	动	to transport
8.	搬	bān	动	to remove, to move, to carry
9.	动	dòng	动	to move
10.	为了	wèile	介	for, in order to
11.	顾客	gùkè	名	customer, shopper, patron

12.	取	qǔ	动	to get, to claim
13.	的话	dehuà	助	*modal particle used at the end of a conditional clause*
14.	超重	chāo zhòng		to be overweight
15.	国际	guójì	形	international
16.	交流	jiāoliú	动	to exchange
17.	中心	zhōngxīn	名	centre
18.	打听	dǎting	动	to inquire about
19.	大使馆	dàshǐguǎn	名	embassy
20.	办公	bàn gōng		to handle official business

五 语法 Grammar

1. "不但……而且……" 复句　The complex sentence with "不但……而且……"

"不但……而且……" 表示递进关系。如果两个复句的主语相同，"不但"放在第一分句的主语之后；如果两个分句的主语不同，"不但"放在第一分句的主语之前。例如：

"不但……而且……" indicates a further development in meaning in the second clause from what is stated in the first one. If the two clauses have the same subject, "不但" is put after the subject of the first clause; if they have different subjects, "不但" is put before the subject of the first clause, e.g.

① 他不但是我的老师，而且也是我的朋友。

② 这个行李不但很大，而且很重。

③ 不但他会英语，而且小王和小李也会英语。

38 这儿托运行李吗　IS THIS THE PLACE FOR CHECKING LUGGAGE

2. 能愿动词在"把"字句中的位置　The position of modal verbs in the "把" sentence

能愿动词都放在介词"把"的前边。例如：
As a rule, modal verbs precede the preposition "把", e.g.

> ① 我可以把照相机带来。
> ② 晚上有大风，应该把窗户关好。

3. "动"作可能补语　The verb "动" as a complement of potential

动词"动"作可能补语，表示有力量做某事。例如：
The verb "动" as a complement of potential denotes that one is capable of doing something, e.g.

> ① 这只箱子不重，我拿得动。
> ② 走了很多路，我现在走不动了。
> ③ 这个行李太重了，一个人搬不动。

六　练习　Exercises

1. 用动词加可能补语填空　Fill in the blanks with the appropriate verbs plus complements of potential

（1）天太黑，我＿＿＿＿＿＿黑板上的字。

（2）这张桌子很重，我一个人＿＿＿＿＿＿。

（3）我的中文水平不高，还＿＿＿＿＿＿中文小说。

（4）从这儿海运到东京，一个月＿＿＿＿＿＿吗？

（5）这本杂志，你一个星期 _____ 吗？

（6）我们只见过一面，他的名字我 _____ 。

2. 用"不但……而且……"完成句子　Complete the following sentences with "不但……而且……"

（1）那儿不但名胜古迹很多，_____ 。

（2）抽烟 _____ ，而且对别人的身体也不好。

（3）他不但会说汉语，_____ 。

（4）昨天在欢送会上不但 _____ ，而且别的班的同学也都演了节目。

3. 用"为了"完成句子　Complete the following sentences with "为了"

（1）_____ ，我要去旅行。

（2）_____ ，我们要多听多说。

（3）_____ ，你别骑快车了。

（4）_____ ，我买了一张画儿。

4. 完成对话　Complete the following conversation

A：_____ ？

B：我要托运行李。

A：_____ ？

B：运到上海。

A：_____ ？

B：七八天。

38 这儿托运行李吗 IS THIS THE PLACE FOR CHECKING LUGGAGE

A：运费贵吗？

B：_____。

A：你拿得动吗？要不要我帮忙？

B：_____。

5. 会话　Make a dialogue

去邮局寄快递。与营业员对话。
You went to a post office to mail a parcel to somebody and had a conversation with a post office employee.

提示：东西是不是超重、邮费是多少、多长时间能到。
Suggested points: You asked if your parcel was overweight, what the postage was and how long it would take to get there.

6. 听后复述　Listen and retell

　　小刘要去韩国，他不知道可以托运多少行李。小张去过法国，去法国和去韩国一样，可以托运二十千克（qiānkè, kilogram）的行李，还可以带一个五千克的小包。小刘东西比较多，小张让他海运，海运可以寄很多，而且比较便宜。小刘觉得这是个好主意（zhúyì, idea）。

7. 语音练习　Phonetic drills

（1）常用音节练习　Drills on the frequently used syllables

SHIPMENT　197

(2) 朗读会话　Read aloud the conversation

A: Xiǎojiě, wǒ yào jì shū, hǎiyùn.

B: Wǒ kànkan. À, chāo zhòng le.

A: Yì bāo kěyǐ jì duōshao?

B: Wǔ qiānkè.

A: Wǒ náchu jǐ běn lai ba.

B: Hǎo.

sòngxíng
送行（1）
TO SEE SOMEONE OFF (1)

39 不能送你去机场了
I CAN'T GO TO THE AIRPORT TO SEE YOU OFF

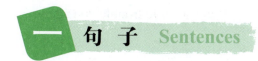 Sentences

285 你准备得怎么样了？ Are you ready?
Nǐ zhǔnbèi de zěnmeyàng le?

286 你还有什么没办的事，我可以替你办。
Nǐ hái yǒu shénme méi bàn de shì, wǒ kěyǐ tì nǐ bàn.
If you have anything to attend to, I can take care of it.

287 这几本书我想送给朋友，来不及叫快递了。
Zhè jǐ běn shū wǒ xiǎng sòng gěi péngyou, láibují jiào kuàidì le.
I have got some books for my friends, but I have got no time to arrange the express delivery.

288 我正等着你呢！ I am just waiting for you.
Wǒ zhèng děngzhe nǐ ne!

289 你的东西收拾好了吗？
Nǐ de dōngxi shōushi hǎo le ma?
Have you got your things ready?

290 | 出门跟在家不一样①,麻烦事就是多。
Chū mén gēn zài jiā bù yíyàng, máfanshì jiù shì duō.
Going on a trip is not like staying at home, and you'll certainly have more problems to solve.

291 | 四个小包不如两个大包好。
Sì ge xiǎo bāo bùrú liǎng ge dà bāo hǎo.
Four small parcels are not as convenient as two big parcels.

292 | 又给你添麻烦了。I am sorry to trouble you again.
Yòu gěi nǐ tiān máfan le.

二 会话 Conversations

1

王兰: 准备得怎么样了?
Wáng Lán: Zhǔnbèi de zěnmeyàng le?

玛丽: 我正收拾东西呢。
Mǎlì: Wǒ zhèng shōushi dōngxi ne.

你看,多乱啊!
Nǐ kàn, duō luàn a!

王兰: 路上要用的东西
Wáng Lán: Lùshang yào yòng de dōngxi

放在手提包里,这样用起来方便②。
fàng zài shǒutíbāo li, zhèyàng yòng qilai fāngbiàn.

39 不能送你去机场了　I CAN'T GO TO THE AIRPORT TO SEE YOU OFF

玛丽：对。我随身带的东西不太多，两个箱子都已经托运了。
Mǎlì: Duì. Wǒ suíshēn dài de dōngxi bú tài duō, liǎng ge xiāngzi dōu yǐjīng tuōyùn le.

王兰：真抱歉，我不能送你去机场了。
Wáng Lán: Zhēn bàoqiàn, wǒ bù néng sòng nǐ qù jīchǎng le.

玛丽：没关系。你忙吧。
Mǎlì: Méi guānxi. Nǐ máng ba.

王兰：你还有什么没办的事，我可以替你办。
Wáng Lán: Nǐ hái yǒu shénme méi bàn de shì, wǒ kěyǐ tì nǐ bàn.

玛丽：这几本书我想送给朋友，来不及叫快递了。
Mǎlì: Zhè jǐ běn shū wǒ xiǎng sòng gěi péngyou, láibují jiào kuàidì le.

王兰：发短信或者微信把地址告诉我，我帮你发快递给她。
Wáng Lán: Fā duǎnxìn huòzhě wēixìn bǎ dìzhǐ gàosu wǒ, wǒ bāng nǐ fā kuàidì gěi tā.

2

大卫：你来了，我正等着你呢！
Dàwèi: Nǐ lái le, wǒ zhèng děngzhe nǐ ne!

刘京：你的东西收拾好了吗？
Liú Jīng: Nǐ de dōngxi shōushi hǎo le ma?

大卫：马马虎虎。这次又坐火车又坐飞机，
Dàwèi: Mǎmǎhūhū. Zhè cì yòu zuò huǒchē yòu zuò fēijī,

特别 麻烦。
tèbié máfan.

刘京: 是啊，出门跟在家不一样，麻烦事就是多。这几个包都是要带走的吗？
Liú Jīng: Shì a, chū mén gēn zài jiā bù yíyàng, máfanshì jiù shì duō. Zhè jǐ ge bāo dōu shì yào dàizǒu de ma?

大卫: 是的，都很轻。
Dàwèi: Shì de, dōu hěn qīng.

刘京: 四个小包不如两个大包好。
Liú Jīng: Sì ge xiǎo bāo bùrú liǎng ge dà bāo hǎo.

大卫: 好主意！
Dàwèi: Hǎo zhúyi!

刘京: 我帮你重新弄弄吧。
Liú Jīng: Wǒ bāng nǐ chóngxīn nòngnong ba.

大卫: 又给你添麻烦了。
Dàwèi: Yòu gěi nǐ tiān máfan le.

刘京: 哪儿的话。
Liú Jīng: Nǎr de huà.

大卫: 另外，要是有我的信，请转给我。
Dàwèi: Lìngwài, yàoshi yǒu wǒ de xìn, qǐng zhuǎn gěi wǒ.

刘京: 没问题。
Liú Jīng: Méi wèntí.

39 不能送你去机场了 I CAN'T GO TO THE AIRPORT TO SEE YOU OFF

注释 Notes

❶ 出门跟在家不一样。 Going on a trip is not like staying at home.
这里的"出门"是指离家远行。
"出门" here means that one journeys far away from home.

❷ 这样用起来方便。 It will be convenient to use in this way.
"用起来"的意思是"用的时候"。
"用起来" means "when using it".

替换与扩展 Substitution and Extension

1. 替换 Substitution

(1) 星期六或者星期天
<u>我</u>替<u>你</u>去<u>取照片</u>。

哥哥	我	报名
我	妈妈	接人
我	朋友	交电费

(2) <u>四个小包</u>不如
<u>两个大包</u>好。

这种鞋	那种鞋	结实
这条街	那条街	安静
这种茶	那种茶	好喝

(3) 你还有什么<u>没办的事</u>,
我可以<u>替你办</u>。

不了解的情况	给你介绍
不懂的词	帮你翻译
没买的东西	帮你买

2. 扩展 Extension

(1) 我 走进 病房 看他的 时候，他 正 安静
    Wǒ zǒujìn bìngfáng kàn tā de shíhou, tā zhèng ānjìng
    地 躺着 呢。
    de tǎngzhe ne.

(2) 离开车还有十 分钟，我来不及回去关 门
    Lí kāi chē hái yǒu shí fēnzhōng, wǒ láibují huíqu guān mén
    了，麻烦你替我关 一下儿。
    le, máfan nǐ tì wǒ guān yíxiàr.

四 生词 New Words

1.	替	tì	介	for
2.	叫	jiào	动	to hire, to order
3.	不如	bùrú	动	not as good as, can't compare with
4.	添	tiān	动	to add
5.	乱	luàn	形	disordered, chaotic
6.	手提包	shǒutíbāo	名	handbag
7.	随身	suíshēn	形	carry-on
8.	或者	huòzhě	连	or
9.	特别	tèbié	副	especially
10.	轻	qīng	形	light
11.	主意	zhǔyi	名	idea

39 不能送你去机场了 I CAN'T GO TO THE AIRPORT TO SEE YOU OFF

12.	重新	chóngxīn	副	again
13.	另外	lìngwài	连/副	moreover, besides; additional
14.	转	zhuǎn	动	to pass to
15.	报名	bào míng		to report, to register
16.	鞋	xié	名	shoe
17.	结实	jiēshi	形	solid, durable
18.	街	jiē	名	street
19.	安静	ānjìng	形	quiet
20.	了解	liǎojiě	动	to know, to understand
21.	病房	bìngfáng	名	ward of a hospital

五 语法 Grammar

1. 动作的持续与进行　The continuation and progression of an action

动作的持续一般也就意味着动作正在进行，所以"着"常和"正在""正""在""呢"等词连用。例如：

The continuation of an action normally means that the action is going on right now. Therefore, "着" is usually used together with such words as "正在" "正" "在" "呢", e.g.

> ① 我正等着你呢。　　　　② 外边下着雨呢。
>
> ③ 我去的时候，他正躺着看书呢。

2. 用"不如"表示比较　The use of "不如" for comparison

"A 不如 B"的意思是"A 没有 B 好"。例如：
"A 不如 B" means "A is not as good as B", e.g.

① 我的汉语水平不如他高。　② 这个房间不如那个房间干净。

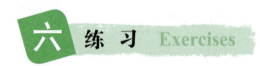

1. 用"还是"或"或者"填空　Fill in the blanks with "还是" or "或者"

（1）你这星期走　　　　　下星期走？

（2）你坐飞机去　　　　　坐火车去？

（3）今天　　　　　明天，我去看你。

（4）这次旅行，我们先去上海　　　　　先去桂林？

（5）我们走着去　　　　　骑自行车去，别坐公共汽车，公共汽车人太多。

（6）现在，我们收拾行李　　　　　去和同学们告别？

2. 用"不如"改写下面的句子　Rewrite the following sentences with "不如"

（1）她的手提包比我的漂亮。

　　➡ _____

（2）北京的春天冷，我们那儿的春天暖和。

　　➡ _____

（3）那个公园的人太多，这个公园安静。

　　➡ _____

39 不能送你去机场了 I CAN'T GO TO THE AIRPORT TO SEE YOU OFF

(4) 你的主意好，小王的主意不太好。

→ _____

3. 用"替"完成句子 Complete the following sentences with "替"

(1) 今天有我一个快递，可是现在我有事。你寄快递的话，请 _____，好吗？

(2) 我也喜欢这种糖，你去买东西的时候，_____。

(3) 现在我出去一下儿，要是有电话来 _____。

(4) 我头疼，不去上课了，你看见老师的时候，_____。

4. 完成对话 Complete the following conversation

A：小刘，你去广州出差，_____？

刘：是的，_____？

B：没事。广州比这儿热得多，你要_____！

刘：谢谢！_____，给你们带一些水果。

A：不用了，这儿 _____。

刘：不一样，这儿的 _____ 新鲜（xīnxiān, fresh）。

B：那先谢谢你了！

5. 会话 Make a dialogue

你的中国朋友要去你们国家留学，你去宿舍看他/她，两人会话。
Your Chinese friend is going to study in your country. You called on him/her in the dormitory and had a conversation with him/her.

提示：准备的情况怎样，需要什么帮助，介绍你们国家的一些情况。
Suggested points: You asked him/her if he/she had got everything ready and what kind of help he/she might need. You also told him/her something about your country.

6. 听后复述　Listen and retell

尼娜今天要回国，我们去她的宿舍看她。她把行李都收拾好了，正等出租车呢。我看见墙上还挂着她的大衣，问她是不是忘了，她说不是，走的时候再穿。问她没用完的人民币换了没有，她说到机场换。这样我们就放心了。出租车一到，我们就帮她拿行李，送她上了车。

7. 语音练习　Phonetic drills

(1) 常用音节练习　Drills on the frequently used syllables

(2) 朗读会话　Read aloud the conversation

A: À, nǐmen dōu zài zhèr ne!

B: Wǒmen yě shì gāng lái.

C: Nǐmen dōu lái gěi wǒ sòng xíng, zhēn guò yì bú qù.

B: Lǎo péngyou bù néng bú sòng.

A: Shì a, zhēn shěbudé nǐ.

C: Xièxie dàjiā.

A、B: Zhù nǐ yílù (all the way) shùnlì!

40 祝你一路平安
sòngxíng 送行（2） TO SEE SOMEONE OFF（2）
HAVE A PLEASANT JOURNEY

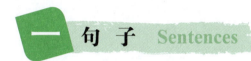
句子 Sentences

293　离起飞还早呢。
Lí qǐfēi hái zǎo ne.
There is plenty of time before the take-off.

294　你快坐下，喝点儿冷饮吧。
Nǐ kuài zuòxia, hē diǎnr lěngyǐn ba.
Please sit down and have a cold drink.

295　你没把护照放在箱子里吧？
Nǐ méi bǎ hùzhào fàng zài xiāngzi li ba?
You didn't put your passport in the suitcase, did you?

296　一会儿还要办出境手续呢。
Yíhuìr hái yào bàn chū jìng shǒuxù ne.
In a moment I'll go through exit formalities.

297　一路上多保重。
Yílù shang duō bǎozhòng.
Take good care of yourself on the trip.

298　希望你常跟我们联系。
Xīwàng nǐ cháng gēn wǒmen liánxì.
I wish you would often get in touch with us.

299　你可别把我们忘了。 Never forget us.
Nǐ kě bié bǎ wǒmen wàng le.

300 | 我到了那儿，就给你们发微信。
Wǒ dàole nàr, jiù gěi nǐmen fā wēixìn.
I'll text WeChat to you as soon as I get there.

301 | 祝你一路平安！ I wish you a pleasant journey.
Zhù nǐ yílù píng'ān!

二 会话 Conversations

1

刘京： 离起飞还早呢。
Liú Jīng: Lí qǐfēi hái zǎo ne.

玛丽： 我们去候机室坐一会儿。
Mǎlì: Wǒmen qù hòujīshì zuò yíhuìr.

王兰： 张丽英还没来。
Wáng Lán: Zhāng Lìyīng hái méi lái.

刘京： 你看，她跑来了。
Liú Jīng: Nǐ kàn, tā pǎolai le.

丽英： 车太挤，耽误了时间，我来晚了。
Lìyīng: Chē tài jǐ, dānwule shíjiān, wǒ láiwǎn le.

刘京： 不晚，你来得正合适。
Liú Jīng: Bù wǎn, nǐ lái de zhèng héshì.

王兰： 哎呀，你跑得都出汗了。
Wáng Lán: Āiyā, nǐ pǎo de dōu chū hàn le.

玛丽：快坐下，喝点儿冷饮吧。
Mǎlì: Kuài zuòxia, hē diǎnr lěngyǐn ba.

刘京：你没把护照放在箱子里吧？
Liú Jīng: Nǐ méi bǎ hùzhào fàng zài xiāngzi li ba?

玛丽：我随身带着呢。
Mǎlì: Wǒ suíshēn dàizhe ne.

王兰：你该进去了。
Wáng Lán: Nǐ gāi jìnqu le.

丽英：一会儿还要办出境手续呢。
Lìyīng: Yíhuìr hái yào bàn chū jìng shǒuxù ne.

2

王兰：给你行李，拿好。准备海关检查。
Wáng Lán: Gěi nǐ xíngli, náhǎo. Zhǔnbèi hǎiguān jiǎnchá.

丽英：一路上多保重。
Lìyīng: Yílù shang duō bǎozhòng.

刘京：希望你常跟我们联系。
Liú Jīng: Xīwàng nǐ cháng gēn wǒmen liánxì.

王兰：你可别把我们忘了。
Wáng Lán: Nǐ kě bié bǎ wǒmen wàng le.

玛丽：不会的。我到了那儿
Mǎlì: Bú huì de. Wǒ dàole nàr

就给你们发微信。
jiù gěi nǐmen fā wēixìn.

刘京：向你全家人问好！
Liú Jīng: Xiàng nǐ quánjiārén wèn hǎo!

王兰：问 安妮小姐好！
Wáng Lán: Wèn Ānnī xiǎojiě hǎo!

大家：祝你一路平安！
Dàjiā: Zhù nǐ yílù píng'ān!

玛丽：再见了！
Mǎlì: Zàijiàn le!

大家：再见！
Dàjiā: Zàijiàn!

三 替换与扩展 Substitution and Extension

1. 替换 Substitution

（1）你没把<u>护照</u> 放在<u>箱子里</u>吧？

帽子	忘	汽车上
钥匙	锁	房间里
牛奶	放	冰箱里

（2）你可别把<u>我们</u> <u>忘</u>了。

这件事	耽误
这支笔	丢
那句话	忘

（3）希望你<u>常来信</u>。

| 认真学习 |
| 好好儿考虑 |
| 继续进步 |
| 努力工作 |

2. 扩展 Extension

(1) 今天我们下了班就去看展览了。
Jīntiān wǒmen xiàle bān jiù qù kàn zhǎnlǎn le.

(2) 昨天我没上班,我去接朋友了。我去
Zuótiān wǒ méi shàng bān, wǒ qù jiē péngyou le. Wǒ qù
的时候,他正在办入境手续。
de shíhou, tā zhèngzài bàn rù jìng shǒuxù.

四 生词 New Words

1.	冷饮	lěngyǐn	名	cold drink
2.	出境	chū jìng		to leave the country
3.	一路	yílù	名	all the way
4.	保重	bǎozhòng	动	to take care
5.	希望	xīwàng	动/名	to hope; wish
6.	可	kě	副	*used for emphasis*
7.	平安	píng'ān	形	safe
8.	候机室	hòujīshì	名	airport lounge
9.	跑	pǎo	动	to run
10.	挤	jǐ	形/动	crowded, jammed; to squeeze
11.	耽误	dānwu	动	to delay
12.	合适	héshì	形	proper
13.	汗	hàn	名	sweat
14.	海关	hǎiguān	名	customs

15.	问好	wèn hǎo		to greet, to ask after
16.	帽子	màozi	名	cap, hat
17.	牛奶	niúnǎi	名	milk
18.	认真	rènzhēn	形	careful, conscientious, earnest
19.	考虑	kǎolǜ	动	to think
20.	进步	jìnbù	动	to make progress
21.	努力	nǔlì	形	hardworking, industrious
22.	下班	xià bān		off duty, to get off work
23.	展览	zhǎnlǎn	动/名	to exhibit; exhibition
24.	上班	shàng bān		to go to work
25.	入境	rù jìng		to enter a country

五 语法 Grammar

1. "把"字句（3） The "把" sentence (3)

（1）"把"字句的否定形式是在"把"之前加否定副词"没"或"不"。例如：
The negative sentence with "把" is formed by putting the negative adverb "没" or "不" before "把", e.g.

① 安娜没把这课练习做完。

② 他没把那件事告诉小张。

③ 今天晚上不把这本小说看完，我就不休息。

④ 你不把书带来怎么上课？

（2）如有时间状语，也必须放在"把"之前。例如：
If an adverbial of time is needed, it should also be placed before "把", e.g.

⑤ 我明天一定把照片带来。
⑥ 小王昨天没把开会的时间通知大家。

2. ……了……就…… no sooner...than...

表示一个动作完成紧接着发生第二个动作。例如：
It indicates that one action takes place immediately after another, e.g.

① 昨天我们下了课就去参观了。
② 他吃了饭就去外边散步了。
③ 明天我吃了早饭就去公园。

六 练习 Exercises

1. 熟读下列短语并选择几个造句 Read up on the following expressions and make sentences with some of them

耽误学习	进步很大	很合适	努力工作
耽误时间	有进步	不合适	很努力
耽误了两天课	学习进步	合适的时间	继续努力

2. 用"希望"完成句子　Complete the following sentences with "希望"

(1) 这次考试＿＿＿＿＿＿＿＿＿＿＿＿＿＿。

(2) 你回国以后＿＿＿＿＿＿＿＿＿＿＿＿。

(3) 你在医院要听大夫的话，好好儿休息，＿＿＿＿＿＿＿＿＿＿。

(4) 爸爸妈妈都＿＿＿＿＿＿＿＿＿＿＿＿。

(5) 我第一次来中国，＿＿＿＿＿＿＿＿＿＿＿。

(6) 这次旅行＿＿＿＿＿＿＿＿。

3. 给下面的词语选择适当的位置　Insert the given words into the following sentences at the suitable places

(1) 她昨天 A 把 B 练习 C 做完。（没）

(2) 他 A 今天晚上 B 把这张画儿 C 画完，就不休息。（不）

(3) 昨天我们下 A 课 B 就去 C 参观 D。（了）

(4) 他每天吃 A 饭 B 就去 C 外边散步。（了）

4. 选择适当的词语填空　Fill in the blanks with appropriate words and phrases from those given below

平安　特别　一边……一边……　演　替　为　希望　要……了

尼娜＿＿＿＿＿回国＿＿＿＿＿，我们＿＿＿＿＿她开了一个欢送会。那天＿＿＿＿＿热闹，同学们＿＿＿＿＿聊天儿＿＿＿＿＿喝茶，还＿＿＿＿＿了不少节目。我们说＿＿＿＿＿她回国以后常联系，而且＿＿＿＿＿我们向她全家问好，祝她一路＿＿＿＿＿。

40 祝你一路平安 HAVE A PLEASANT JOURNEY

5. 完成对话 Complete the following conversation

A：小李，你这次出差去多长时间？

B：_____。

A：出差很累，你要_____。

B：谢谢，我一定注意。你要买什么东西吗？

A：不买。太麻烦了。

B：_____，我可以顺便给你带回来。

A：不用了。祝你_____！

B：谢谢！

6. 会话 Make a dialogue

谈谈你来中国的时候，朋友或家里人给你送行的情况。
Say something about the send-off your friends or family gave you when you were leaving for China.

7. 听后复述 Listen and retell

妹妹这一次出远门，要到英国（Yīngguó, Britain）去留学。我们全家送她到机场。她有两件行李，我和爸爸替她拿。妈妈很不放心，让她路上要注意安全，别感冒，到了英国就来电话，把那儿的情况告诉我们。爸爸说妈妈说得太多了，妹妹已经不是小孩子了，应该让她到外边锻炼锻炼。妈妈说："俗话（súhuà, folksay）说，'儿行千里母担忧'（ér xíng qiānlǐ mǔ dānyōu, the mother worries for her child bound for far off land）。孩子到那么远的地方去，我当然不放心。怎么能不说呢？"

TO SEE SOMEONE OFF (2) 217

8. 语音练习　Phonetic drills

(1) 常用音节练习　Drills on the frequently used syllables

shu — shūjià（书架）
　　　shǔ yi shǔ（数一数）
　　　dà shù（大树）

jiao — jiāo qián（交钱）
　　　dà jiǎo（大脚）
　　　shuì jiào（睡觉）

(2) 朗读会话　Read aloud the conversation

A: Kàn yíxiàr nín de hùzhào hé jīpiào.

B: Zěnme tuōyùn xíngli?

A: Nín xiān tián yíxiàr zhè zhāng biǎo.

B: Tiánwán le.

A: Gěi nín hùzhào hé jīpiào, nín kěyǐ qù tuōyùn xíngli le.

B: Hǎo, xièxie!

复习（八）
REVIEW (VIII)

一 会 话 Conversations

1

〔汉斯（Hànsī, Hans）和小王是好朋友。现在汉斯要回国了，小王送他到火车站〕

王：我们进站去吧。

汉斯：你就送到这儿，回去吧。

王：不，我已经买了站台（zhàntái, platform）票了。来，你把箱子给我，我帮你拿。

汉斯：我拿得动。

王：别客气。你拿手提包，我拿箱子。你看，这就是国际列车（guójì lièchē, international train）。

汉斯：我在9号车厢（chēxiāng, railway car）。

王：前边的车厢就是。

2

王：汉斯，箱子放在行李架（xínglijià, luggage rack）上。

汉斯：这个手提包也要放在行李架上吗？

王：这个包放在座位下边，拿东西方便一些。

汉斯：现在离开车还早，你坐一会儿吧。

王：你的护照放在身边没有？

汉斯：哟（yō, a modal particle）！我的护照怎么没有了？

王：别着急，好好儿想想，不会丢了吧？

汉斯：对了！放在手提包里了。你看，我的记性（jìxing, memory）真坏。

王：马上就要开车了，我下去了。你到了就跟我联系。

汉斯：一定。

王：问你家里人好！祝你一路平安！

汉斯：谢谢！再见！

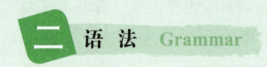

二 语 法 Grammar

（一）动词的态 Aspects of the verb

1. 动作即将发生 An action is going to happen

动作即将发生，可以用"要……了""快要……了"或"就要……了"来表示。例如：

"要……了""快要……了" or "就要……了" can be used to indicate that an action is going to happen immediately, e.g.

① 他要考大学了。　　② 快要到北京了。

③ 明天就要放假了。　④ 飞机就要起飞了。

2. 动作的进行　An ongoing action

动作的进行，可用"正在""正""在""呢"或"正（在）……呢"等表示。例如：
"正在""正""在""呢" or "正（在）……呢" can be used to indicate an ongoing action, e.g.

① 我正在打电话呢。　　② 她正跳舞呢。
③ A：你在写毛笔字吗？
　　B：我没写毛笔字，我画画儿呢。

3. 动作或状态的持续　The continuation of an action or a state

动作或状态的持续，可用"着"表示，否定形式用"没有……着"。例如：
"着" may be used to indicate the continuation of an action or a state. Its negative form is "没有……着", e.g.

① 墙上挂着几张照片。
② 桌子上放着花儿，花儿旁边放着几本书。
③ 她一边唱着歌，一边洗着衣服。
④ 通知上没写着他的名字。

4. 动作的完成　The completion of an action

动作的完成可以用动态助词"了"表示。否定形式用"没（有）"。例如：
The aspect particle "了" may be used to indicate the completion of an action. Its negative form is "没（有）", e.g.

① 我看了一个电影。　　② 我买了两支铅笔。
③ 他喝了一杯茶。　　　④ 他没喝咖啡。

5. 过去的经历　A past experience

过去的经历用"过"表示。否定形式是"没（有）……过"。例如：

"过" is used to indicate a past experience. Its negative form is "没（有）……过", e.g.

① 我去过上海。　　　② 他以前学过汉语。

③ 他还没吃过烤鸭呢。

（二）几种特殊的动词谓语句　Sentences with special verbal predicates

1. "是"字句　The "是" sentence

① 他是我的同学。　　　② 前边是一个中学，不是大学。

③ 那个电视机是新的。

2. "有"字句　The "有" sentence

① 我有汉语书，没有法语书。　　② 我有哥哥，没有妹妹。

③ 他有很多小说和杂志。

3. "是……的"句　The "是……的" sentence

"是……的"句用来强调动作的时间、地点或方式等。例如：
The sentence with the "是……的" construction is to stress when, where or how the action occurred, e.g.

① 他妹妹是昨天到这儿的。　　② 他是从欧洲来的。

③ 我是坐飞机去上海的。

④ 那本杂志是从李红那儿借来的。

4. 存现句　The sentence expressing existence, appearance or disappearance

① 床旁边放着一个衣柜。　　② 那边走过来一个人。

③ 我们班走了两个美国同学。　　④ 桌子上有一本书。

5. 连动句　The sentence with verbal constructions in series

① 我去商店买东西。　　② 我有一个问题要问你。
③ 我没有钱花了。　　　④ 他们去医院看一个病人。

6. 兼语句　The pivotal sentence

① 老师让我们听录音。　② 他请我吃饭。
③ 外边有人找你。

7. "把"字句　The "把" sentence

① 他把那支笔送给玛丽了。　② 他想把这件事告诉小王。
③ 别把东西放在门口。　　　④ 他没把那本小说还给小刘。
⑤ 她把孩子送到医院了。

三　练习　Exercises

1. 按照实际情况回答问题　Answer the following questions according to the actual situations

(1) 你回国的时候，怎么向中国朋友和中国老师告别？
　　（在中国学习、生活觉得怎么样，怎么感谢他们的帮助，等等）

(2) 你参加过什么样的告别活动？
　　（欢送会、吃饭、照相、演节目等）

2. 会话　Make dialogues

（1）告别　Farewell

> 我来向你告别。
> 我要……了。
> 谢谢你对我的照顾。
> 给你们添了不少麻烦。
> 不用送。
>
> 日子过得真快。
> 哪天走？
> 真舍不得啊！
> 对你的照顾很不够。
> 你太客气了。
> 哪儿的话！
> 没什么。
> 不用谢。
> 准备得怎么样了？
> ……都收拾好了吗？
> 我帮你……

（2）送行　Send-off

> 祝你一路平安！
> 问……好！
>
> 路上多保重。
> 希望我们常联系。

（3）托运　Consignation

> 这儿能托运吗？
> 可以海运吗？
> 要多长时间？
> 运费怎么算？
>
> 运什么？
> 运到哪儿？
> 您的地址、姓名？
> 请填一下儿表。
> 按照……收费。

3. 完成对话 Complete the following conversation

A：你什么时候走？

B：_____。

A：_____？

B：都托运了。谢谢你的照顾。

A：_____，照顾得很不够。

B：_____。

A：我一定转告。请问你们全家好。

B：_____，我也一定转告。

A：祝你_____！再见！

B：_____。

4. 语音练习 Phonetic drills

（1）声调练习：第一声＋第四声 Drills on tones: 1st tone + 4th tone

bāngzhù　（帮助）

xiānghù bāngzhù　（相互帮助）

xīwàng xiānghù bāngzhù　（希望相互帮助）

（2）朗读会话 Read aloud the conversation

A: Wǒ kuài huí guó le, jīntiān lái xiàng nǐ gào bié.

B: Shíjiān guò de zhēn kuài! Shénme shíhou zǒu?

A: Hòutiān xiàwǔ liǎng diǎn bàn.

B: Xīwàng wǒmen yǐhòu hái néng jiàn miàn.

A: Xièxie nǐ hé dàjiā duì wǒ de zhàogù.

B: Nǎr de huà, nǐ tài kèqi le. Hòutiān wǒ qù sòng nǐ.

A: Búyòng sòng le.

B: Bié kèqi.

四 阅读短文　Reading Passage

今天晚上有中美两国的排球（páiqiú, volleyball）赛。这两个国家的女排打得都很好。我很想看，可是买不到票，只能在宿舍看电视了。

这次比赛非常精彩。两局（jú, set）的结果（jiéguǒ, score）是1比1。现在是第三局，已经打到12比12了，很快就能知道结果了。正在这时候，王兰走了进来，告诉我有两个美国人在楼下大厅等我。他们是刚从美国来的。我不能看排球赛了，真可惜！

我一边走一边想，这两个人是谁呢？对了，姐姐发来电子邮件说，她有两个朋友要来北京，问我要带什么东西。很可能就是我姐姐的朋友来了。

我来到大厅一看，啊！是我姐姐和她的爱人。我高兴极了，马上又问她："你们来，为什么不告诉我？"他们两个都笑了。姐姐说："要是先告诉你，就没有意思了。"

词汇表 VOCABULARY

A

安静	ānjìng	形	39
安全	ānquán	形	27
按照	ànzhào	介	38

B

把	bǎ	介	34
白	bái	形	24
班	bān	名	26
搬	bān	动	38
办	bàn	动	31
办法	bànfǎ	名	32
办公	bàn gōng		38
半路	bànlù	名	23
帮忙	bāng máng		32
帮助	bāngzhù	动	21
包	bāo	名	33
包子	bāozi	名	30
饱	bǎo	形	33
保证	bǎozhèng	动	35
保重	bǎozhòng	动	40
报名	bào míng		39
抱歉	bàoqiàn	形	23
杯子	bēizi	名	35
被	bèi	介	35
比	bǐ	介	28
比较	bǐjiào	副	30
比赛	bǐsài	动/名	29
笔试	bǐshì	名	26
冰	bīng	名	28
冰箱	bīngxiāng	名	30
病	bìng	名/动	27
病房	bìngfáng	名	39
病人	bìngrén	名	35
博物馆	bówùguǎn	名	31
不但…… 而且……	búdàn…… érqiě……		38
不如	bùrú	动	39
不要	búyào	副	27
布置	bùzhì	动	25

C

才	cái	副	23
参观	cānguān	动	21
参加	cānjiā	动	21
餐厅	cāntīng	名	33
查	chá	动	30
唱	chàng	动	21

超重	chāo zhòng		38		大使馆	dàshǐguǎn	名	38
衬衫	chènshān	名	33		戴	dài	动	35
趁	chèn	介	36		耽误	dānwu	动	40
成绩	chéngjì	名	26		蛋糕	dàngāo	名	26
城市	chéngshì	名	31		当	dāng	动	30
迟到	chídào	动	27		导游	dǎoyóu	名	30
充电	chōng diàn		24		倒	dǎo	动	35
重新	chóngxīn	副	39		地	de	助	33
抽	chōu	动	27		的话	dehuà	助	38
出差	chū chāi		24		得	děi	能愿	27
出境	chū jìng		40		灯	dēng	名	34
出门	chū mén		24		低	dī	形	28
出院	chū yuàn		34		地	dì	名	24
除了……以外	chúle……yǐwài		30		电动车	diàndòngchē	名	23
窗户	chuānghu	名	24		电梯	diàntī	名	23
春天	chūntiān	名	28		电影院	diànyǐngyuàn	名	23
					丢	diū	动	29

D

打开	dǎkāi		26		冬天	dōngtiān	名	28
打扰	dǎrǎo	动	36		动	dòng	动	38
打算	dǎsuàn	动/名	36		动车	dòngchē	名	31
打听	dǎting	动	38		度	dù	量	28
打针	dǎ zhēn		34		锻炼	duànliàn	动	34
打字	dǎ zì		30		队	duì	名	29
					对不起	duìbuqǐ	动	23

	E			刚才	gāngcái	名	21
饿	è	形	33	高	gāo	形	22
二等座	èrděngzuò	名	32	高铁	gāotiě	名	31
	F			告别	gào bié		36
发烧	fā shāo		34	歌	gē	名	21
发音	fāyīn/fā yīn	名/动	30	个子	gèzi	名	22
方便	fāngbiàn	形	25	各	gè	代	31
方便面	fāngbiànmiàn	名	35	更	gèng	副	25
方式	fāngshì	名	37	狗	gǒu	名	26
房卡	fángkǎ	名	33	够	gòu	动	36
放	fàng	动	25	姑娘	gūniang	名	22
放假	fàng jià		29	顾客	gùkè	名	38
放心	fàng xīn		30	刮	guā	动	28
非常	fēicháng	副	31	关	guān	动	24
分	fēn	名	26	国际	guójì	形	38
风	fēng	名	24	过意不去	guò yì bú qù		36
风景	fēngjǐng	名	31		**H**		
封	fēng	量	22	海关	hǎiguān	名	40
父亲	fùqin	名	30	海运	hǎiyùn	动	38
复习	fùxí	动	22	汗	hàn	名	40
	G			好喝	hǎohē	形	28
该	gāi	动	37	好几	hǎojǐ	数	22
感冒	gǎnmào	动/名	27	好久	hǎojiǔ	形	36
刚	gāng	副	22	合适	héshì	形	25

盒子	hézi	名	26		挤	jǐ	形/动	40
黑	hēi	形	35		计划	jìhuà	名/动	31
黑板	hēibǎn	名	37		记	jì	动	30
红	hóng	形	24		记	jì	动	37
后天	hòutiān	名	22		技术	jìshù	名	27
候机室	hòujīshì	名	40		继续	jìxù	动	36
护照	hùzhào	名	32		检查	jiǎnchá	动	32
花瓶	huāpíng	名	24		见	jiàn	动	24
滑	huá	动	28		见面	jiàn miàn		22
画	huà	动	25		交流	jiāoliú	动	38
画儿	huàr	名	25		交通	jiāotōng	名	27
话	huà	名	29		胶棒	jiāobàng	名	23
话剧	huàjù	名	30		教	jiāo	动	29
坏	huài	形	23		叫	jiào	动	39
欢送	huānsòng	动	37		街	jiē	名	39
欢送会	huānsònghuì	名	37		结实	jiēshi	形	39
还	huán	动	23		节目	jiémù	名	37
黄	huáng	形	24		借	jiè	动	23
回答	huídá	动	29		进步	jìnbù	动	40
会	huì	名	22		精彩	jīngcǎi	形	37
或者	huòzhě	连	39		久	jiǔ	形	23
					酒店	jiǔdiàn	名	33
J								
机会	jīhui	名	36		旧	jiù	形	28
急	jí	形	24		句子	jùzi	名	22

聚会	jùhuì	名/动	35		老	lǎo	形	36
觉得	juéde	动	25		冷饮	lěngyǐn	名	40

K

					离开	líkāi		36
开	kāi	动	21		礼堂	lǐtáng	名	32
开发	kāifā	动	31		礼物	lǐwù	名	24
开始	kāishǐ	动	34		里边	lǐbian	名	21
看样子	kàn yàngzi		35		联系	liánxì	动	24
考	kǎo	动	26		练	liàn	动	29
考虑	kǎolǜ	动	40		凉快	liángkuai	形	28
咳嗽	késou	动	27		量	liáng	动	34
可	kě	副	40		了	liǎo	动	26
可爱	kě'ài	形	26		了解	liǎojiě	动	39
可能	kěnéng	助动/形	23		聊天儿	liáo tiānr		36
可是	kěshì	连	22		另外	lìngwài	连/副	39
可惜	kěxī	形	24		录音笔	lùyīnbǐ	名	23
渴	kě	形	33		乱	luàn	形	39
空儿	kòngr	名	22		乱七八糟	luànqībāzāo		24
口试	kǒushì	名	26		旅行	lǚxíng	动	29
裤子	kùzi	名	33		旅游	lǚyóu	动	37
快乐	kuàilè	形	26					

M

					马路	mǎlù	名	27

L

					马马虎虎	mǎmǎhūhū	形	25
来不及	láibují	动	31		马上	mǎshàng	副	24
来得及	láidejí	动	31		嘛	ma	助	25
篮球	lánqiú	名	29					

卖	mài	动	32
毛笔	máobǐ	名	29
帽子	màozi	名	40
没关系	méi guānxi		23
每	měi	代	27
美	měi	形	25
门	mén	名	26
门口	ménkǒu	名	21
们	men	尾	36
密码	mìmǎ	名	33
面包	miànbāo	名	35
名胜古迹	míngshèng gǔjì		31
墨镜	mòjìng	名	35

N

那么	nàme	代	36
难	nán	形	26
能力	nénglì	名	30
年纪	niánjì	名	37
牛奶	niúnǎi	名	40
弄	nòng	动	23
努力	nǔlì	形	40
暖和	nuǎnhuo	形	28
女朋友	nǚpéngyou	名	22

P

爬	pá	动	29
胖	pàng	形	28
跑	pǎo	动	40
跑步	pǎo bù		29
陪	péi	动	22
漂亮	piàoliang	形	22
平安	píng'ān	形	40
普通话	pǔtōnghuà	名	30

Q

气温	qìwēn	名	28
铅笔	qiānbǐ	名	25
签名	qiān míng		33
签证	qiānzhèng	名	32
钱包	qiánbāo	名	32
墙	qiáng	名	37
巧	qiǎo	形	22
轻	qīng	形	39
清楚	qīngchu	形	30
情况	qíngkuàng	名	34
秋天	qiūtiān	名	28
区	qū	名	31
取	qǔ	动	38
取得	qǔdé	动	37
全	quán	形/副	26

裙子	qúnzi	名	33		手	shǒu	名	25
	R				手表	shǒubiǎo	名	25
然后	ránhòu	连	31		手术	shǒushù	名	34
让	ràng	动	23		手提包	shǒutíbāo	名	39
热闹	rènao	形	31		手续	shǒuxù	名	36
热情	rèqíng	形	37		受	shòu	动	34
认真	rènzhēn	形	40		瘦	shòu	形	28
日子	rìzi	名	36		舒服	shūfu	形	27
容易	róngyì	形	25		输入	shūrù	动	33
入境	rù jìng		40		树	shù	名	35
	S				摔	shuāi	动	24
散步	sàn bù		29		水果	shuǐguǒ	名	31
嗓子	sǎngzi	名	34		水平	shuǐpíng	名	37
沙发	shāfā	名	25		顺便	shùnbiàn	副	31
山	shān	名	29		死	sǐ	动/形	33
伤	shāng	名/动	34		算	suàn	动	38
上班	shàng bān		40		虽然…… 但是……	suīrán…… dànshì……		37
舍不得	shěbudé	动	37		随身	suíshēn	形	39
深	shēn	形	37		碎	suì	形	24
什么的	shénmede	助	35		锁	suǒ	动/名	34
实习	shíxí	动	37			**T**		
视频	shìpín	名	37		太极拳	tàijíquán	名	29
事故	shìgù	名	27		谈	tán	动	30
收拾	shōushi	动	30					

糖	táng	名	35
躺	tǎng	动	29
讨论	tǎolùn	动	32
特别	tèbié	副	39
疼	téng	形	27
踢	tī	动	29
提高	tígāo	动	30
体温	tǐwēn	名	34
替	tì	介	39
添	tiān	动	39
填表	tián biǎo		33
跳舞	tiào wǔ		21
贴	tiē	动	37
停车场	tíngchēchǎng	名	32
通知	tōngzhī	动/名	21
同学	tóngxué	名	22
痛快	tòngkuài	形	33
头	tóu	名	27
图书馆	túshūguǎn	名	32
退	tuì	动	32
托运	tuōyùn	动	38

W

晚会	wǎnhuì	名	21
忘	wàng	动	24
为了	wèile	介	38
位	wèi	量	21
喂	wèi	叹	21
温度	wēndù	名	28
文件	wénjiàn	名	34
问好	wèn hǎo		40
问题	wèntí	名	26
舞会	wǔhuì	名	21

X

希望	xīwàng	动/名	40
习惯	xíguàn	动/名	27
洗衣机	xǐyījī	名	30
洗澡	xǐ zǎo		33
系	xì	名	21
下	xià	动	28
下班	xià bān		40
下载	xiàzài	动	36
夏天	xiàtiān	名	28
箱子	xiāngzi	名	33
向	xiàng	介	36
小吃	xiǎochī	名	31
小时	xiǎoshí	名	30
小说	xiǎoshuō	名	23
些	xiē	量	25

鞋	xié		名	39	一路	yílù	名	40
新婚	xīnhūn		动	26	衣柜	yīguì	名	25
新年	xīnnián		名	21	医院	yīyuàn	名	27
新闻	xīnwén		名	21	遗憾	yíhàn	形	24
信用卡	xìnyòngkǎ		名	31	已经	yǐjīng	副	36
幸福	xìngfú		形/名	26	以内	yǐnèi	名	32
修	xiū		动	23	椅子	yǐzi	名	33
雪	xuě		名	28	因为	yīnwèi	连	36
Y					英文	Yīngwén	名	23
烟	yān		名	27	用	yòng	动	23
研究生	yánjiūshēng		名	36	游	yóu	动	29
颜色	yánsè		名	25	游览	yóulǎn	动	31
眼睛	yǎnjing		名	27	游泳	yóu yǒng		29
眼镜	yǎnjìng		名	35	有的	yǒude	代	36
样子	yàngzi		名	25	有点儿	yǒudiǎnr	副	27
药	yào		名	27	有名	yǒumíng	形	31
要是	yàoshi		连	25	有时候	yǒu shíhou		28
钥匙	yàoshi		名	29	又	yòu	副	25
一……就……	yī…… jiù……			34	雨	yǔ	名	28
一边……一边……	yìbiān…… yìbiān……			36	语法	yǔfǎ	名	30
					预报	yùbào	动/名	28
一等座	yīděngzuò		名	32	预订	yùdìng	动	32
一定	yídìng		副	21	预习	yùxí	动	30
					原谅	yuánliàng	动	23

圆珠笔	yuánzhūbǐ		名	31	只要…… 就……	zhǐyào…… jiù……		33
约	yuē		动	23	中文	Zhōngwén	名	21
约会	yuēhuì		名/动	22	中心	zhōngxīn	名	38
越来越……	yuè lái yuè……			37	终于	zhōngyú	副	33
运	yùn		动	38	重	zhòng	形	34
运动	yùndòng		名/动	29	周末	zhōumò	名	35
运费	yùnfèi		名	38	主意	zhúyi	名	39
	Z				住院	zhù yuàn		34
杂志	zázhì		名	35	注意	zhù yì		27
再说	zàishuō		动	22	祝	zhù	动	26
脏	zāng		形	23	祝贺	zhùhè	动	26
糟糕	zāogāo		形	24	转	zhuǎn	动	39
展览	zhǎnlǎn		动/名	40	转告	zhuǎngào	动	21
站	zhàn		动	29	撞	zhuàng	动	35
张	zhāng		动	34	准备	zhǔnbèi	动	36
着急	zháo jí		形	35	准时	zhǔnshí	形	35
照顾	zhàogù		动	36	桌子	zhuōzi	名	25
这么	zhème		代	25	自己	zìjǐ	代	25
着	zhe		助	32	足球	zúqiú	名	29
正	zhèng		副	22	嘴	zuǐ	名	34
正在	zhèngzài		副	21	最近	zuìjìn	名	35
支	zhī		量	23	左边	zuǒbian	名	37
只	zhī		量	26				

专名　PROPER NOUNS

广东	Guǎngdōng	29
广州	Guǎngzhōu	30
桂林	Guìlín	31
李红	Lǐ Hóng	21
南京路	Nánjīng Lù	31
尼娜	Nínà	24
欧洲	Ōuzhōu	36
浦东	Pǔdōng	31
人民医院	Rénmín Yīyuàn	34
圣诞节	Shèngdàn Jié	21
香港	Xiānggǎng	30
友谊宾馆	Yǒuyì Bīnguǎn	21
豫园	Yù Yuán	31

英文注释本
ANNOTATED IN ENGLISH

第五版
5TH EDITION

汉语会话 301 句 练习册
下册

CONVERSATIONAL CHINESE 301 WORKBOOK
VOLUME II

康玉华 来思平 编著
By Kang Yuhua & Lai Siping

北京大学出版社
PEKING UNIVERSITY PRESS

前 言

　　本书是为《汉语会话 301 句》课本编写的练习册，分上、下两册，各二十课。上册每课后附有汉字笔顺表。每册后附练习参考答案，并有一份试卷，供学习者自测。

　　本练习册既适用于自学，也可用于教师课堂教学或作为学生的家庭作业。

　　本练习册集中选用了教学实践中多种行之有效的操练方法，并结合多样的测试形式，多角度地进行全面操练，纠正初学者易出现的错误。从词语的搭配，到不同语境中语言结构的变换以及阅读理解等方面，促使学习者逐渐横向扩展语言的运用范围，引导他们提高理解和应用汉语的能力。

　　希望通过这样的练习，能帮助初学者较快地、全面牢固地掌握基础汉语，并为进一步提高汉语水平打下坚实的基础。

编者
2022 年 12 月

目 录

21	邀请	请你参加	1
22	婉拒	我不能去	5
23	道歉	对不起	9
24	遗憾	真遗憾,我没见到他	14
25	称赞	这张画儿真美	19
26	祝贺	祝贺你	24
27	劝告	你别抽烟了	29
28	比较	今天比昨天冷	34
29	爱好	我也喜欢游泳	38
30	语言	请你慢点儿说	43
31	旅游（1）	那儿的风景美极了	48
32	旅游（2）	买到票了没有	53
33	旅游（3）	我们预订了两个房间	58
34	看病	我头疼	63
35	探望	你好点儿了吗	68
36	告别	我要回国了	73
37	饯行	真舍不得你们走	78
38	托运	这儿托运行李吗	83

39 送行（1） 不能送你去机场了 ································ 88

40 送行（2） 祝你一路平安 ······································· 93

测验（21—40课）··· 98

参考答案 ··· 104

邀请

21 请你参加
WILL YOU JOIN US

一　熟读词语　Read the following words repeatedly

一定	参加	通知
~来	~晚会	~大家
~参加	~工作	~学生
~转告	~考试	~我们
~喜欢		看~

帮助	里边	正在
~朋友	银行~	~唱歌
~妈妈	学校~	~打电话
~老师	饭店~	~上网
~别人		~接电话
		~看新闻

参观
去~
~北京大学
正在~
~完了

二　选择以上词语完成句子　Complete the following sentences with the above words or phrases

1. 在家里，我常常_____做饭、洗衣服。

1

2. 我去找他的时候，他＿＿＿＿＿上网。

3. 老师＿＿＿＿＿明天上午九点考试。

4. 小张毕业后，很快就＿＿＿＿＿了，他们公司的王经理对员工很不错。

5. 我学了一首中国歌，给你唱唱，我想你＿＿＿＿＿。

6. 你看＿＿＿＿＿了吗？星期六晚上七点有晚会。

7. 你看，那个＿＿＿＿＿吃饭的人很多，那儿的饭一定好吃。

三 给括号内的词语找到适当的位置　Find the appropriate place in the sentence for each word given in the bracket

1. A 我正在 B 打电话 C。　　　　　　　　　　（刚才）
2. 请你 A 小王 B 明天去清华大学参观 C。　　　（转告）
3. 玛丽 A 唱 B 中国 C 歌吧。　　　　　　　　（一首）
4. 你 A 认识 B 他 C 的？　　　　　　　　　　（什么时候）
5. A 老师们 B 那个教室里 C 开会呢。　　　　　（正在）
6. 星期日晚上的音乐会，A 你 B 别去晚了 C。　 （一定）

四 判断正误（对的画√，错的画×）　True or false (Tick if true and cross if false)

（　）1. 新年晚会你去参加吗？

（　）2. 我去参加新年晚会。

（　）3. 他休息在房间里呢。

（　）4. 他新年晚会参加王先生跟一起。

（　）5. 昨天我给你打电话的时候，你正在吃饭吧？

（　）6. 昨天我给你打电话的时候，你正在不正在吃饭？

21 请你参加

五 改错句 Correct the mistakes in the following sentences

1. 小王请我帮助拿东西他。

    →_____

2. 老师通知去长城我们。

    →_____

3. 我转告这件事他了。

    →_____

4. 我去参加音乐会圣诞节。

    →_____

5. 昨天我们动物园去参观了很多动物。

    →_____

六 阅读理解 Reading comprehension

你知道我和小王是怎么认识的吗？

有一次，我在商店买东西，买的东西很多。正不知道怎么拿的时候，小王说："我帮你拿吧！"他送我走出商店，送我上出租车，很热情（rèqíng, enthusiastic, warm）。

从这以后，我们常常通电话、见面（jiàn miàn, to meet）。他帮我学汉语，我帮他学英语，我们现在是好朋友。

■ **根据短文，选择正确答案** Choose the right answers according to the passage

（   ）1. A. "我"在商店买了很多东西。

　　　　　B. "我"不知道拿什么东西。

　　　　　　C. 小王不知道"我"拿的什么东西。

（　　）2. A. 小王帮"我"拿东西。

　　　　　　B. 小王送了"我"很多东西。

　　　　　　C. 小王送"我"东西后上了出租车。

（　　）3. "从这以后"的意思是：

　　　　　　A. 从这个地方以后

　　　　　　B. 从小王这样热情以后

　　　　　　C. 从"我"和小王认识以后

七　交际练习　Communicative practice

邀请朋友来参加你的生日晚会（提示：时间、地点、怎么去等）。
You invite your friends to your birthday party (Suggested points: time, place, how to go there, and so on).

婉拒

22 我不能去
I CAN'T GO

一 熟读词语 Read the following words repeatedly

巧	约会	见面
太~了	有（个）~	跟老同学~
真~	跟朋友~	见见面
不~	在北海公园~	见了一面

空儿	刚	陪
有~	~来	~谁去……
有~的时候	~毕业	~……去商店
没~	~吃完饭	~……去看画展
	~参加工作	

二 选择以上词语完成对话 Complete the following dialogues with the above words or phrases

1. A：现在有个新电影，我们下午去看好吗？

    B：不好意思，我_____，有个同学来看我。

    A：那就等你_____的时候再说吧。

2. A：你们去哪儿啊？

    B：我_____，她想买件毛衣，让我帮她挑挑。

3. A：你什么时候来的？我来晚了吧？

   B：不晚，我也是＿＿＿＿＿＿＿。

   A：那我们走吧。

4. A：星期天你做什么？

   B：我＿＿＿＿＿＿＿＿＿＿＿＿。

   A：是女朋友吗？

   B：不，是我的小学同学。我们在北海公园见面。

三 给括号内的词语找到适当的位置　Find the appropriate place in the sentence for each word given in the bracket

1. 你 A 我 B 去 C 找一下儿王经理好吗？　　　　　（陪）
2. 我想和王兰一起去看画展，A 她 B 没空儿 C。　（可是）
3. 下课以后，我们 A 应该 B 生词和课文 C。　　　（复习）
4. 今天我有空儿，A 可以 B 跟他 C。　　　　　　（见面）
5. 晚上 A 我 B 一个约会 C，不能参加舞会了。　　（有）
6. A 我 B 要 C 出去找玛丽，玛丽就来了，真巧！　（刚）

四 判断正误（对的画√，错的画×）　True or false (Tick if true and cross if false)

（　）1. 你毕业以后见面她了吗？

（　）2. 你毕业以后跟她见面了吗？

（　）3. 我刚喝完咖啡，还想吃点儿东西。

（　）4. 刚你去哪儿了？我找你你不在。

（　）5. 刚才你去哪儿了？我找你你不在。

（　）6. 我买了两封电影票，给你一封。

（　）7. 我去邮局寄了两个快递。

22 我不能去

五 改错句 Correct the mistakes in the following sentences

1. A：你吃了橘子吗？→ _____

   B：吃了。

   A：你吃几个橘子了？→ _____

   B：三个。

2. A：你见面王先生了吗？→ _____

   B：我见面他了。他给我了一本杂志。

   → _____

   A：是中文的吗？

   B：不，是英文的。

3. A：刚我拿来的那本书你见了没有？

   → _____

   B：没见。刚才拿来就没有了？你再找找。

   → _____

六 阅读理解 Reading comprehension

今天晚上有音乐会，我想约（yuē, to invite）王兰一起去。想好以后，我就给王兰打了一个电话。真不巧，她明天有考试，今天没空儿，她要复习。她说："等考完以后再说吧。"我想，考完以后，音乐会也完了。听说（tīngshuō, to hear of, to hear about）这个音乐会好极了，我还是想去听。我打算去大卫的宿舍问问大卫，看他能不能陪我去。

■ 根据短文，选择正确答案 Choose the right answers according to the passage

（　　）1. A. "我"想约王兰一起去买票。
　　　　　B. "我"想约王兰一起去复习。
　　　　　C. "我"想约王兰一起去听音乐会。

（　　）2. 王兰说："等考完以后再说吧。"意思是：
　　　　　A. 王兰说，考完试以后再去听音乐会。
　　　　　B. 王兰考完试以后，让"我"等她，她要和"我"说话。
　　　　　C. 王兰考试的时候，让"我"等她，她要和"我"说话。

（　　）3. A. 王兰考完了，音乐会也结束（jiéshù, to end）了。
　　　　　B. 王兰的考试和音乐会都结束了。
　　　　　C. 王兰还没考试，音乐会还没结束。

（　　）4. A. "我"要一个人去听音乐会。
　　　　　B. 听完音乐会，"我"去大卫宿舍找他。
　　　　　C. "我"想约大卫跟"我"一起去听音乐会。

七 交际练习 Communicative practice

朋友邀请你去看京剧，可是你要准备考试，你委婉地拒绝朋友。
Your friend invites you to watch Beijing opera, but you have to prepare for an exam, you say no to your friend gently.

道歉

23 对不起
I AM SORRY

一 熟读词语　Read the following words repeatedly

久	才	坏	修
很~	~来	弄~	~好
~等	~知道	用~	~了~
多~	~听懂	玩儿~	能~
		骑~	会~

小说	约	可能	还
一本~	~谁	~坏了	~东西
看~	~好	~修好了	没~
买~	~不~	~不来了	什么时候~
翻译~			~给……

用	借
~笔	~东西
~一~	可以~
~词典	~多长时间

二 选择以上词语完成对话　Complete the following dialogues with the above words or phrases

1. A：你怎么＿＿＿＿＿＿？我八点就来了。

   B：让你＿＿＿＿＿＿了，真对不起。

2. A：你那本英文小说可以借给我看看吗?

B：你_____?

A：一个星期，下星期五以前我一定_____。

B：你等一下儿，我去给你拿。

3. A：我的电脑被我_____，不能用了。

B：听说小王_____，你去问问他。

4. A：星期六的画展你_____跟你一起去?

B：还没想好约谁，你有空儿吗?

三 给括号内的词语找到适当的位置　Find the appropriate place in the sentence for each word given in the bracket

1. 你快 A 进 B 来 C 吧！　　　　　　　　　（教室）
2. 你找刘京吗? 他 A 回 B 去 C 了。　　　　（宿舍）
3. A 十分钟以前 B 他 C 来了。　　　　　　（就）
4. A 现在他 B 来 C，可能他的自行车坏了。（才）
5. 做 A 饺子 B 就可以吃饭了。　　　　　　（好）
6. 翻译 A 这个句子 B 我就陪你玩儿。　　　（完）

四 改错句　Correct the mistakes in the following sentences

A：大卫，你看那本杂志完了吗? 我也想看看。

　→ _____

B：还没看完呢，给你明天可以吗?

　→ _____

A：可以，你看完以后，张新让给我吧。

→ _____

B：张新回去上海了，我能找你，我给你吧。

→ _____

A：好吧！

五 判断正误（对的画√，错的画×） True or false (Tick if true and cross if false)

（   ）1. 他刚下去楼，他说到操场去玩儿。

（   ）2. 他进去房间拿东西，一会儿就出来。

（   ）3. 你别等我，你先走吧。

（   ）4. 真对不起，你的电子词典我弄坏了。

（   ）5. 对不起，你的书我弄脏了。

（   ）6. 约好的，我怎么能来呢？当然要来！

（   ）7. 我们六点半才来，你怎么七点来了？

（   ）8. 修你的照相机好了吗？

六 阅读理解 Reading comprehension

下午三点我走出学校，想去酒吧见朋友。这时候，我看见前边有一个男孩儿，他走进酒吧里了。我想，孩子不能进酒吧，应该让他回家去。

我刚走到酒吧，看见那个男孩儿正和酒吧工作人员（rényuán, staff）说话（shuō huà, to talk）呢。工作人员不让他进里边去，可是他不听，一定要进去。啊，我认识他。这是李老师的孩子，他叫小明。我说："小明，快回家去吧，这不是你应该来的地方。"他看了看我，有点儿（yǒudiǎnr, a little）不好意思，就慢慢走出去了。

■ **根据短文，选择正确答案** Choose the right answers according to the passage

（　）1. A. 酒吧在学校外边。

　　　　 B. 酒吧在学校里边。

　　　　 C. 酒吧、小男孩儿家都在学校里边。

（　）2. A. 小男孩儿进酒吧是见朋友。

　　　　 B. 小男孩儿最后没进酒吧里边去。

　　　　 C. 小男孩儿进酒吧是想和酒吧工作人员说话。

（　）3. "这不是你应该来的地方"的意思是：

　　　　 A. 小孩子应该来这个地方。

　　　　 B. 这个地方你不应该来。

　　　　 C. 这个地方不是你想来的地方。

七 **看图说话，用动词加"来"和"去"完成对话** Look at the pictures and complete the conversations with verbs and "来" or "去"

1. A：我今天做了很多好吃的，

   　　你＿＿＿＿＿＿吃饭吧。

   B：我现在就＿＿＿＿＿＿。

2. A：儿子，你什么时候＿＿＿＿＿＿？

   B：我这个周末就＿＿＿＿＿＿。

3. A：小林，快点儿_____接电话，
   是找你的。

   B：好的，我马上_____。

4. A：今天外面太冷了，我不想
   _____。

   B：是啊！明天天气好了，你再
   _____吧！

遗憾

24 真遗憾，我没见到他

IT IS REALLY A PITY THAT I HAVEN'T SEEN HIM

一 熟读词语 Read the following words repeatedly

关	忘	摔	可惜
~窗户	常~	~坏	真~
~电视	没~	~碎	太~了
~电脑	别~了		
~手机	~在……了		

急	马上	联系	见
~事	~就去	跟……~	~到
别~	~就修好	常~	~一面
	~就懂了	不~	~一~
		有~	
		~方法	

二 选择以上词语完成对话 Complete the following dialogues with the above words or phrases

1. A：别关门，我的手机_____。

   B：你快进去拿吧，车_____就要开了。

   A：你_____，还有十分钟呢！

24 真遗憾，我没见到他

2. A：你_____我的杯子（bēizi, cup）了吗？

   B：你看，在那儿呢。

   A：哎呀，怎么_____了？不能用了。

   B：还是新的呢，_____！

三 给括号内的词语找到适当的位置　Find the appropriate place in the sentence for each word given in the bracket

1. 出门的时候我 A 关 B 电视 C 了，真糟糕！　　　　　（忘）

2. 他上星期刚买的花瓶，A 今天 B 摔 C 碎了。　　　　（就）

3. 这是我的手机号，以后 A 我们 B 联系 C 吧。　　　　（多）

4. 你别走了，饭 A 就 B 做好了 C，吃了饭再走吧！　　（马上）

5. 经理 A 他 B 马上 C 回公司。　　　　　　　　　　　（让）

6. 他让我 A 常 B 发 C 电子邮件。　　　　　　　　　　（给他）

四 判断正误（对的画√，错的画×）　True or false (Tick if true and cross if false)

（　）1. 他摔了一个杯子碎了。

（　）2. 他摔碎了一个杯子。

（　）3. 你出去的时候，请关好窗户。

（　）4. 你出去的时候，请关窗户好。

（　）5. 我给小李买的地图忘在书店里了。

（　）6. 我忘给小李买的地图在书店里了。

（　）7. 小李不在家，他出差上海去了。

（　）8. 小李不在家，他去上海出差了。

（　）9. 你常联系他吗？

（　）10. 你常跟他联系吗？

五 改错句 Correct the mistakes in the following sentences

1. 饭做好了，妈妈说我们吃饭。

   → _____

2. 我的新书弄脏了，真遗憾！

   → _____

3. 他打网球的时候摔手机坏了。

   → _____

4. 他房间的地有很多东西，乱七八糟极了。

   → _____

5. 他新买的手机摔坏了，你说可惜没可惜？

   → _____

6. 糟糕，给朋友买的礼物拿忘了！

   → _____

六 阅读理解 Reading comprehension

今天我们有空儿，我们三个好朋友约好去饭馆儿（fànguǎnr, restaurant）吃饭。我们想一起喝喝酒，说说话。

吃什么好呢？小李说："很久没吃烤鸭了，去吃烤鸭吧。"我和小王不知道哪个饭馆儿的烤鸭好吃，就问小李。

小李说："学校东边那个饭馆儿的烤鸭不错，也不贵。"我们就去了。

太好了，我们到那儿的时候，人还不多。我们挑了一个离窗户近

24 真遗憾，我没见到他

的地方坐，要了两瓶啤酒、三个菜，让服务员快一点儿给我们上烤鸭。

啤酒快喝完的时候，烤鸭上来了。烤鸭真的不错，黄黄的，很好看，也很好吃。

吃完饭，小李先付了钱，我和小王给小李钱的时候，我才知道忘带钱和手机了，真糟糕！我说回学校以后再给小李钱，小李说没关系，可是我很不好意思。以后我不能再这样（zhèyàng，like this）了！

■ 根据短文，选择正确答案　Choose the right answers according to the passage

（　　）1. A. "我们"在学校里边一起吃饭。
　　　　　B. "我们"在学校东边的饭馆儿吃饭。
　　　　　C. "我们"在学校北边的那个饭馆儿吃饭。

（　　）2. A. 小李说吃烤鸭说得很久。
　　　　　B. "我们"想吃烤鸭想了很久了。
　　　　　C. "我们"很长时间没吃烤鸭了。

（　　）3. A. 服务员上烤鸭上得很慢。
　　　　　B. 服务员想快一点儿上烤鸭。
　　　　　C. "我们"让服务员快点儿上烤鸭。

（　　）4. A. 这次吃饭是小李先付的钱。
　　　　　B. 这次吃饭是三个人一起付的钱。
　　　　　C. 这次吃饭最后是小王付的钱。

七 交际练习　Communicative practice

请说一说让你觉得很遗憾或很糟糕的事。

Please talk about something you feel regrettable or feel bad.

称赞

25 这张画儿真美
THIS PAINTING IS REALLY BEAUTIFUL

一 熟读词语 Read the following words repeatedly

布置	画儿	又……又	要是……就……
~房间	一张~	~好吃~便宜	~觉得冷，~进来吧
~教室	中国~	~快~好	~知道，~告诉你
~得很美	风景~	~远~不方便	
~好了			

放	方便	觉得	容易
~在……	很~	~怎么样	很~
在……~了……	不~	~不错	不~
~好了	这么~	~很冷	~马虎
	~不~	~很抱歉	

画	这么
~画儿	~好
~完了	~冷
~好了	~美
~得真……	~热

② 选择以上词语完成对话 Complete the following dialogues with the above words

1. A：你看，这_____怎么样？

   B：画_____！

2. A：昨天让你久等了，我_____。

   B：没什么，我知道你工作忙。

3. A：画展（huàzhǎn, exhibition of paintings）_____吗？

   B：快布置好了。

4. A：你住的地方买东西_____？

   B：方便，有不少商店，还有一个大超市。

5. A：你看，这个花瓶_____好看？

   B：我觉得_____不错。

③ 给括号内的词语找到适当的位置 Find the appropriate place in the sentence for each word given in the bracket

1. 昨天冷，A 今天 B 冷 C。（更）

2. 考试的时候不能马虎，要是马虎，A 就 B 出错 C。（容易）

3. 你 A 新买的衣服 B 在衣柜里 C 了吗？（放）

4. 你的房间 A 布置 B 得 C 漂亮！（这么）

5. A 这些画儿 B 买的 C，是我画的。（不是）

④ 判断正误（对的画 √，错的画 ×） True or false (Tick if true and cross if false)

（   ）1. 她的手表又样子好看，又颜色漂亮。

（   ）2. 要是衣柜大一点儿，就更方便了。

25 这张画儿真美

（　　）3. 要是你学习，就我关了电视。

（　　）4. 要是你累了，就休息休息吧。

（　　）5. 你的铅笔在本子呢。

（　　）6. 我觉得画人最不容易。

五 改错句 Correct the mistakes in the following sentences

1. 今天两个他们一起去公园玩儿了。

　→ _____

2. 这个衣柜这么颜色好看！

　→ _____

3. 你说今天冷，我觉得更昨天冷。

　→ _____

4. 要是你不认识路，就我带你去。

　→ _____

5. 这些本杂志借给我看看吧。

　→ _____

六 阅读理解 Reading comprehension

小张和小王要结婚了。他们找来小李帮他们布置新房。

他们买了一些画儿，还买了一些花儿。桌子、椅子、书柜、衣柜、床也都买好了。

小李说："那张最大的画儿挂（guà, to hang）在客厅（kètīng, living-room），那两张风景画儿挂在卧室（wòshì, bedroom）吧。衣柜放

21

在床旁边，书柜放在客厅。那些有盆（pén, pot）的花儿放在客厅的窗户下边；别的花儿放在花瓶里，花瓶放在桌子上，应该很漂亮。"

小张和小王觉得小李说得很对。说完，他们三个就开始（kāishǐ, to begin）布置新房了。

■ **根据短文，选择正确答案** Choose the right answers according to the passage

（　　）1. A. 小张和小王结婚了。
　　　　　B. 小张和小王还没结婚。
　　　　　C. 小张和小王不想结婚。

（　　）2. A. 小李一个人来新房了。
　　　　　B. 他们和小李一起来新房了。
　　　　　C. 他们不知道小李在哪儿，他们找小李。

（　　）3. A. 布置新房的东西都买好了。
　　　　　B. 他们没买花儿和椅子。
　　　　　C. 他们想买一些东西布置新房。

（　　）4. A. 客厅里要挂一张大画儿。
　　　　　B. 客厅里已经挂了一张大画儿。
　　　　　C. 客厅里挂着的那张画儿是风景画儿。

（　　）5. A. 他们三个已经布置完新房了。
　　　　　B. 他们三个今天以后再布置新房。
　　　　　C. 他们三个说完以后马上开始布置新房。

25 这张画儿真美

七 交际练习　Communicative practice

A去B的家里做客，A称赞B的家布置得很漂亮，B做的饭也很好吃。

A goes to B's house for a visit, A compliments B on the beautiful arrangment of his house, and B is good at cooking.

祝贺

26 祝贺你
CONGRATULATIONS

一 熟读词语 Read the following words repeatedly

全	考	祝	快乐
~班	~什么	~……身体健康	很~
~家	~得怎么样	~……工作顺利	~生活
~国	~得不太好	~……快乐	~的一天
		~……幸福	

了（liǎo）	打开	只	可爱
吃得/不~	~窗户	一~狗	真~
拿得/不~	~门	一~熊猫	~的孩子
去得/不~	~柜子	一~手	~的样子
	~书		觉得……很~

幸福	问题	难
生活~	问~	很~
生活得很~	有（一个）~	太~了
祝……~	什么~	不太~

二 选择以上词语完成对话 Complete the following dialogues with the above words or phrases

1. A：这次考试你_____？

26 祝贺你

B：不太好，你呢？

A：我也_____。

2. A：今天的课，我_____不懂。

   B：什么问题？我帮你。

3. A：星期六下午_____同学都来照毕业相，你怎么没来？

   B：我来晚了，我来的时候，你们都走了。

4. A：你买这么多东西，_____？

   B：你看，那是我姐姐，两个人拿没问题。

5. A：我要换一个新工作了。

   B：祝_____！

三 给括号内的词语找到适当的位置 Find the appropriate place in the sentence for each word given in the bracket

1. 你 A 打 B 书柜 C 看看有没有那本词典？ （开）
2. 你能 A 放 B 手里的东西 C，帮我打开门吗？ （下）
3. 这个盒子是不是 A 打 B 开 C 了？ （不）
4. 你说，这个手机 A 还 B 修 C 好吗？ （得）
5. 他 A 口试 B 成绩 C，笔试成绩不太好。 （好）
6. 他们 A 的 B 新婚生活 C。 （很幸福）

四 判断正误（对的画 √，错的画 ×） True or false (Tick if true and cross if false)

（   ）1. 这个窗户怎么打得不开了？

（   ）2. 祝贺你考试了全班第一！

(　　) 3. 这张照片多漂亮啊!

(　　) 4. 这么大的蛋糕两个人吃不了。

(　　) 5. 昨天我的手表修得好了。

(　　) 6. 祝您全家新年快乐了!

五 改错句　Correct the mistakes in the following sentences

1. 这个难问题，我不会做。

　→ _____

2. 他们结婚以后，有了一个很可爱的孩子，很幸福生活。

　→ _____

3. 这个铅笔盒打得不开，你帮我一下儿。

　→ _____

4. 这本小说你一个星期看得完不完?

　→ _____

5. 那个中国人说得太快，我听得不懂。

　→ _____

6. 他买了一只鱼，想晚饭的时候吃。

　→ _____

六 阅读理解　Reading comprehension

王阿姨（āyí, aunt）有一只小狗，叫乐乐。它（tā, it）白色的毛（máo, fur, hair），黑色的眼睛（yǎnjing, eye），很可爱。早上和晚

26 祝贺你

上王阿姨都带它出来散步。它喜欢在外边玩儿，见到别的狗，它就更高兴了，跑得快极了。

王阿姨常常给它洗澡（xǐ zǎo, to take a bath），它又干净又漂亮，人们都喜欢它。孩子们更喜欢它，常常想喂（wèi, to feed）它吃东西。可是王阿姨不让孩子们喂它。她说，要是吃乱七八糟的东西，会吃坏肚子（dùzi, belly）；她还说，小狗吃东西，就像我们人吃饭一样，什么时间吃，一次吃多少，都是一定的。

总之（zǒngzhī, in a word），乐乐是大家的好朋友，我们都喜欢它。

根据短文，选择正确答案 Choose the right answers according to the passage

（　　）1. A. 别的狗高兴，乐乐就高兴。
　　　　　B. 乐乐早上出来很高兴，晚上出来更高兴。
　　　　　C. 乐乐到外边玩儿的时候很高兴，见到别的狗更高兴。

（　　）2. 王阿姨为什么不让乐乐吃"乱七八糟的东西"？
　　　　　A. 这些东西很乱
　　　　　B. 这些东西很坏
　　　　　C. 这些东西狗吃了不好

（　　）3. A. 狗可以随便（suíbiàn, random）吃东西。
　　　　　B. 狗吃的东西跟人吃的饭一样。
　　　　　C. 狗也应该在一定的时间吃东西。

七 　**交际练习**　Communicative practice

A 通过了 HSK 考试，B 来祝贺 A。

A passed the HSK exam, B congratulate A.

劝告

27 你别抽烟了
PLEASE DON'T SMOKE

一 **熟读词语** Read the following words repeatedly

有点儿	事故	得(děi)	注意
~冷	出~了	~注意	没~
~不舒服	别出~	~休息	~休息
~咳嗽	交通~	~快(一)点儿	~安全
~感冒		~早(一)点儿	~身体
~头疼			注没~

每	舒服	习惯	技术
~天	不~	不~	有~
~年	~极了	没~	~不错
~人	觉得很~	好~	修车的~
~次		坏~	
~(个)星期		~……的生活了	

迟到	这样	病
~了	别~	~了
没~	~不好	有~
别~	~可以吗	什么~
	不能~	

29

二 **选择以上词语完成对话** Complete the following dialogues with the above words or phrases

1. A：你工作太忙了，得_____。

   B：是啊，我每天睡得很少。

2. A：你注没注意，张老师_____。

   B：注意了，他说话的时候常常咳嗽。

   A：他要是不抽烟就好了。

3. A：听说老李_____，上星期住院了。

   B：_____？我们去看看他吧。

4. A：每次开会你都_____，今天早点儿去，_____。

   B：知道了，今天我一定晚不了！

5. A：这个房间怎么样？舒服吗？

   B：我_____，好极了。

6. A：车怎么不走了？是不是有_____？

   B：可能是，前边有很多车和人。

7. A：你第一次来北京，_____了吗？

   B：还不太习惯，吃饭、坐车都不太习惯。

三 **给括号内的词语找到适当的位置** Find the appropriate place in the sentence for each word given in the bracket

1. 你 A 过马路 B 要 C 安全。　　　　　　　（注意）

2. 小张 A 修自行车 B 的技术 C。　　　　　　（不错）

3. 今天参观 A 你 B 一定 C 迟到。　　　　（别）

4. 你骑 A 车 B 骑 C 太快了。　　　　　　（得）

5. 你得 A 早 B 休息 C。　　　　　　　　（一点儿）

6. 我以后不 A 骑 B 车 C 了。　　　　　　（快）

7. 抽烟 A 身体 B 不 C 好。　　　　　　　（对）

四　判断正误（对的画√，错的画×）　True or false (Tick if true and cross if false)

（　　）1. 今天我觉得一点儿头疼。

（　　）2. 我一定别抽烟了。

（　　）3. 今天非常冷，穿少了容易感冒。

（　　）4. 你看，那儿交通事故了。

（　　）5. 你得安全注意啊！

（　　）6. 我每天喝水得不多。

五　改错句　Correct the mistakes in the following sentences

1. 一点儿喝酒没关系，多喝了对身体不好。

　　→ _____

2. 今天我一点儿忙，没空儿，明天陪你去吧。

　　→ _____

3. 每个年我都来中国。

　　→ _____

4. 他真不好习惯，每天房间里乱七八糟的。

　　→ _____

5. 不抽烟了，你看你都咳嗽了。

→ _____

六 阅读理解　Reading comprehension

老刘这些天觉得有点儿不舒服，不想吃饭，不想做事，工作的时候也想睡觉。

你知道为什么吗？他有一个星期不抽烟了！不是他自己不想抽，是他爱人让他改（gǎi, to quit, to give up）改习惯，不让他抽了。

他爱人说，抽烟对身体不好。老刘常常咳嗽，要是不抽烟，不用吃药，慢慢就不咳嗽了，咳嗽的病好了，身体就好了。她还说，开始的时候不习惯，时间长了，就会习惯的。

我们都觉得他爱人说得对。我们说："老刘，你别不高兴，你爱人这样是爱（ài, to love）你，你有这样一个好爱人，多幸福啊！"

■ 根据短文，选择正确答案　Choose the right answers according to the passage

（　　）1. A. 老刘不舒服，他病了。

　　　　　　B. 老刘不喜欢工作，想睡觉。

　　　　　　C. 老刘不抽烟了，他不习惯。

（　　）2. A. 老刘咳嗽的病还没好。

　　　　　　B. 老刘咳嗽的病好了，身体也好了。

　　　　　　C. 老刘不咳嗽了，也不用吃药了。

(　　) 3. A. 老刘不舒服的时间已经很长了。

　　　　　B. 老刘刚开始不舒服,现在已经好了。

　　　　　C. 要是长时间不抽烟,老刘就会慢慢习惯了。

(　　) 4. "老刘的爱人不让他抽烟"是:

　　　　　A. 爱老刘

　　　　　B. 不想买药

　　　　　C. 不喜欢老刘

七　交际练习　Communicative practice

劝告朋友少看手机。

You advise your friend to look through his/her phone less.

比较

28 今天比昨天冷

IT IS COLDER TODAY THAN IT WAS YESTERDAY

一 熟读词语 Read the following words repeatedly

下	预报	暖和	凉快
～雨	天气～	天气～	天气～
～雪	～天气	衣服～	外边很～
……～得很大	听天气～	房间里～	～极了

刮	高	练习
～风	气温～	～写字
～坏	个子～	～画画儿
～跑	～楼	做～

二 选择以上词语完成对话 Complete the following dialogues with the above words or phrases

1. A：北京的春天常常_____吗？

   B：不，不常_____，常常_____，有时候风很大。

2. A：你_____了吗？今天天气怎么样？

   B：听了，最高气温 23°C，最低气温 10°C，天气很好。

3. A：房间里太热，_____，我们去外边吧。

   B：是啊，外边_____，真舒服！

4. A：小张比小王＿＿＿＿＿＿＿＿，可是吃得比小王少。

   B：那是小张想让自己瘦一点儿。

5. A：你这个字写得真漂亮！你常常＿＿＿＿＿＿＿吗？

   B：我每个星期最少有两个下午＿＿＿＿＿＿＿＿。

   A：我也得练习练习了。

三 给括号内的词语找到适当的位置　Find the appropriate place in the sentence for each word given in the bracket

1. A 冬天我 B 去公园 C 滑冰。　　　　　　　　（有时候）
2. 那个孩子不到三岁，才 A 两 B 岁 C。　　　　（多）
3. 这件衣服不便宜，是 A 三百 B 块钱 C 买的。　（多）
4. 这个房间 A 比那个房间 B 暖和 C。　　　　　（一点儿）
5. 他 A 比我 B 早起床 C。　　　　　　　　　　（二十分钟）
6. 小李比小王滑 A 冰 B 滑 C 好。　　　　　　　（得）

四 判断正误（对的画√，错的画×）　True or false (Tick if true and cross if false)

（　　）1. 我喜欢秋天，秋天比夏天凉快极了！

（　　）2. 北京的秋天没冷也没热。

（　　）3. 他走得快比我。

（　　）4. 房间里暖暖和和的，你进来暖和暖和吧！

（　　）5. 昨天下雪大，交通不方便。

（　　）6. 今年冬天不冷，比去年冬天高气温得多。

五　用"比"改写句子　Rewrite the following sentences with "比"

例：　我 1.8 m，他 1.75 m。→ 我比他个子高。

1. 我的词典旧，他的词典新。

　　→ 他的_____。

2. 昨天最高气温 26°C，今天最高气温 30°C。

　　→ 今天_____。

3. 小张家有五口人，小王家有三口人。

　　→ 小王家_____。

4. 一斤苹果八块钱，一斤橘子九块钱。

　　→ 一斤橘子_____。

5. 小李滑冰滑得很好，小张刚学滑冰。

　　→ 小李_____。

六　阅读理解　Reading comprehension

　　去年一月，我去了一次三亚（Sānyà, Sanya）。那儿最高气温三十多度，最低气温二十多度，我得穿夏天的衣服。在三亚，我觉得最舒服的运动（yùndòng, sport）是在大海（hǎi, sea）里游泳（yóu yǒng, to swim）。三亚有时候会下雨，天气很凉快。晚饭以后我常常跟朋友们到海边散步（sàn bù, to go for a walk）。海风轻轻（qīng, gently, lightly）地吹，小船慢慢地划，让人感觉很幸福。傍晚的三亚很美，像画儿一样美。

28 今天比昨天冷

很快，我从三亚回到北京。北京下雪了，又刮起了西北风，冷极了。北京最高气温零度，最低气温零下十度，公园里有人滑冰。现在北京是冬天，而三亚没有冬天。这两个地方的天气不能比。我觉得很有意思。

■ **根据短文，选择正确答案** Choose the right answers according to the passage

（　　）1. A. 在三亚运动最舒服。
　　　　　B. 在三亚海边最舒服。
　　　　　C. 在三亚游泳最舒服。

（　　）2. A. 三亚傍晚的海边像画儿一样美。
　　　　　B. 三亚海边的小船像在画儿里一样。
　　　　　C. 三亚晚上没有人在海边散步。

（　　）3. A. 北京比三亚冷，所以"我"觉得很有意思。
　　　　　B. 三亚没有冬天，"我"觉得很有意思。
　　　　　C. 都是一月，可是北京、三亚的天气很不一样，"我"觉得很有意思。

七 交际练习 Communicative practice

请比较一下你们国家的天气和中国有什么不同。
Please compare the weather in your country with that in China.

爱好

29 我也喜欢游泳
I ALSO LIKE SWIMMING

一　**熟读词语**　Read the following words repeatedly

运动	爬	游泳	比赛
什么~	~山	会~	~……球
喜欢~	~楼	游游泳	参加~
运动运动	~上来	游一会儿泳	……跟……~

练	教	回答	躺
~毛笔字	~唱歌	~问题	~下
……球	~滑冰/游泳	~对了	~在……
……~了多长时间	~会	~错了	~一会儿
……~了一个小时	~一个小时	~得……	~好

打	旅行		丢
~排球	去……~		~了……
~篮球	喜欢~		~在……
~网球	~了一个星期		别~了
~太极拳			

二　**选择以上词语完成对话**　Complete the following dialogues with the above words or phrases

1. A：你喜欢＿＿＿＿＿＿＿＿＿＿＿＿？

　　B：我喜欢爬山。

2. A：你_____吗？

   B：会，我游得不错。

3. A：你知道今天是_____吗？

   B：听说是上海队对北京队。

   A：那这场比赛一定很好看。

4. A：你的毛笔字_____了？

   B：我练了一个月了。

   A：有人_____？

   B：有，王兰是我的老师。

5. A：放假的时候你想做什么？

   B：我想跟朋友_____。

   A：你们去哪儿_____呢？

   B：去广州。

6. A：糟糕，我的钥匙_____！

   B：你想想，_____？

   A：可能是忘在教室里了。

7. A：我有点儿不舒服。

   B：你_____吧！

三 给括号内的词语找到适当的位置 Find the appropriate place in the sentence for each word given in the bracket

1. 你 A 下星期的篮球 B 比赛 C 吗？　　　　　（参加）
2. 老师让他 A 一个很难 B 的问题 C。　　　　　（回答）

3. 他不会滑冰，可是游泳 A 游 B 好 C 极了。（得）

4. 他 A 练 B 中国画儿练了 C。（两个星期了）

5. 我 A 打了 B 太极拳 C。（一个小时）

四 判断正误（对的画 √，错的画 ×）　True or false (Tick if true and cross if false)

（　　）1. 我游泳得没有他好。

（　　）2. 今天比昨天不冷。

（　　）3. 我躺一会儿想休息休息。

（　　）4. 我喜欢爬山，你也喜欢吧？

（　　）5. 今天排球上海队比赛广东队。

（　　）6. 他在练毛笔字，没在画画儿。

五 用"没有"改写句子　Rewrite the following sentences with "没有"

例：　上海的冬天比北京暖和。
　　　→ 北京的冬天没有上海暖和。

1. 大卫比小张个子高。

　　→ _____

2. 玛丽比王兰喜欢滑冰。

　　→ _____

3. 今天的风比昨天的大。

　　→ _____

4. 那套衣服比这套漂亮。

　　→ _____

5. 他现在身体比以前好。

　　→ _____

6. 他抽烟比我多。

　　→ _____

7. 他游泳比我游得快。

　　→ _____

六　阅读理解　Reading comprehension

小林和小高两个人比谁游泳游得好。

小林说,他五岁就学会游泳了,是爸爸教他的,现在他能在大海里游很远。他说,他也参加过很多次比赛,他比一些运动员(yùndòngyuán, athlete)的成绩还好呢!

小高说,没有自己游得好的运动员大概不是游泳运动员!他说,他学游泳没有小林早,可是他是游泳运动员教的。小高说自己能躺在水上休息,还能在水下很长时间不出来,他在水里就像鱼一样自由(zìyóu, free)。

我说:"不能只听你们说,星期天你们比赛一下儿,看看谁游得更好。"

■ **根据短文,选择正确答案**　Choose the right answers according to the passage

(　) 1. A. 小林和小高正在比赛游泳。
　　　 B. 小林和小高不想比赛游泳。

C. 小林和小高都说自己游泳游得好。

（　　）2. A. 小林参加过游泳比赛。

B. 小高一定比游泳运动员游得更快。

C. 小林和游泳运动员一起参加过考试。

（　　）3. 小高说他"在水里就像鱼一样自由"的意思是：

A. 他不能在水里游

B. 他像鱼那样在水里游

C. 他游泳游得好极了，想怎么游都可以

（　　）4. A. "我"不想听他们说。

B. 星期天没有游泳比赛。

C. "我"不知道他们谁游得好。

七　交际练习　Communicative practice

请说一说你的爱好。

Please talk about your hobby.

语言

30 请你慢点儿说
PLEASE SPEAK SLOWLY

一 熟读词语 Read the following words repeatedly

比较	清楚	查	谈
~难	听~	~词典	~话
~容易	写~	~问题	~得怎么样
~麻烦	说~	~（身）体	~了多长时间
~一下儿	看得/不~	~病房	~完了
……跟……~			

提高	能力	收拾	当
~……能力	有~	~房间	~导游
~技术	没有~	~东西	~老师
	工作~	~好	~经理
		不会~	~爸爸/妈妈

放心		记	
很~		~生词	
对……不/很~		~在……	
放不放心		~得/不住	
		~住	
		没~住	

二 选择以上词语完成对话 Complete the following dialogues with the above words or phrases

1. A：他刚参加工作，你要多教教他。

   B：好的，他会慢慢地＿＿＿＿＿＿＿＿＿＿＿＿＿＿＿的。

   A：就让他在工作中提高吧。

2. A：刚才他说的话你＿＿＿＿＿＿＿＿＿＿吗？

   B：他说得太快，我没有都＿＿＿＿＿＿＿＿＿＿。

   A：没关系，回家再打电话问问他。

3. A：你要＿＿＿＿＿＿＿＿＿＿＿＿＿＿英语跟汉语的发音。

   B：是，我要多听听汉语录音，多比较。

4. A：小张，你结婚两年了，还没有孩子，什么时候想＿＿＿＿＿＿啊？

   B：这得问我先生他什么时候想＿＿＿＿＿＿＿＿＿＿。

5. A：你这房间太乱了！

   B：你别急，我一会儿就＿＿＿＿＿＿＿＿＿＿。

   A：那现在我就走，等你＿＿＿＿＿＿＿＿＿＿我再来。

6. A：你看那是几路车？是不是307路？

   B：太远了，我也＿＿＿＿＿＿＿＿＿＿。

三 给括号内的词语找到适当的位置 Find the appropriate place in the sentence for each word given in the bracket

1. 我 A 打了 B 字 C，有点儿累。　　　　　　　　　（一个小时）

2. 我预习 A 明天要学的语法 B 要预习 C。　　　　　（半个小时）

3. 你 A 给我 B 当 C 汉语老师。　　　　　　　　　（得）

30 请你慢点儿说

4. A 能 B 修好这个洗衣机 C 吗？　　　　　　（后天下午）
5. 写汉字和翻译句子 A 都 B 是 C 难的。　　　　（比较）
6. 你一会儿出来，一会儿进去。A 你 B 忙 C 呢？　（什么）

四 改错句 Correct the mistakes in the following sentences

1. 我有一个姐姐，一个哥哥，在家里我当最小的。

   → _____

2. 妈妈不放心我常常骑快车。

   → _____

3. 除了我的手机能照相以外，还能上网。

   → _____

4. 我的书包里钱包以外，都是上课要用的。

   → _____

5. 我去广州一个星期旅行了。

   → _____

6. 他们谈话了一个小时。

   → _____

五 用所给的词语改写句子 Rewrite the following sentences with the words or phrases given in the brackets

例： 这个房间很干净，还很漂亮。（除了……以外）

　　→这个房间除了干净以外，还很漂亮。

1. 我应该买一个洗衣机，还应该买一个冰箱。（除了……以外）

→ _____

2. 全班同学，大卫没有来，别的同学都来了。（除了……以外）

　　→ _____

3. 他从星期五到星期天给朋友们当导游。（用上"时量补语"）

　　→ _____

4. 她跟中国朋友学做包子。（两个小时）

　　→ _____

5. 我每天早上从六点到六点半跑步。（用上"时量补语"）

　　→ _____

六　阅读理解　Reading comprehension

　　小王的爷爷（yéye, grandfather）今年七十岁了，身体很健康。他喜欢运动。每天早上小王还没起床，爷爷就穿上运动服到外边锻炼（duànliàn, to exercise）身体去了。他先慢走一会儿，然后开始打太极拳，一般（yìbān, ordinary）打四十分钟。除了打太极拳以外，有时候他还慢跑，大概跑十几分钟。星期六、星期天他还常常带小王去游泳。

　　小王的奶奶（nǎinai, grandmother）快七十岁了，身体也不错。她也喜欢运动，可是她不跟爷爷一起运动，她有自己的朋友，都是六十多岁的老人。她们早上在离家近的公园里唱歌、跳舞。唱歌、跳舞的时候，她们像年轻人（niánqīngrén, young people）一样又活泼（huópō, active）又快乐。

　　这样的老人真幸福！有这样的爷爷、奶奶也真幸福！

30 请你慢点儿说

■ **根据短文，选择正确答案** Choose the right answers according to the passage

（　　）1. A. 小王的爷爷起得很早。
　　　　　B. 小王的爷爷跑得很慢。
　　　　　C. 小王的爷爷不喜欢运动。

（　　）2. A. 小王的奶奶不跟朋友们一起锻炼。
　　　　　B. 小王的奶奶不喜欢跟爷爷一起锻炼。
　　　　　C. 小王的奶奶很年轻，她的朋友们也很年轻。

（　　）3. A. 每天锻炼的老人都很健康。
　　　　　B. 每天锻炼的老人一定很幸福。
　　　　　C. 小王的爷爷、奶奶和小王都很幸福。

七 交际练习 Communicative practice

请说一说学习汉语的好方法。
Please talk about some good methods to learn Chinese.

旅游（1）

31 那儿的风景美极了

THE SCENERY IS VERY BEAUTIFUL THERE

一 熟读词语 Read the following words repeatedly

游览	风景	计划
~长城	~很美	工作~
~名胜古迹	~怎么样	没有~
去……~	……（地方）的~	什么~
		~做什么

办	热闹	各
~事	看~	~人
~手续	热热闹闹（形）	~地
~完了	热闹热闹（动）	~国
~了多长时间	不太~	~种~样

非常	有名	开发
~好	很~	~区
~难	不太~	~……技术
~疼	~的人	
~喜欢	~的地方	

31 那儿的风景美极了

二 选择以上词语完成对话 Complete the following dialogues with the above words or phrases

1. A：北京的名胜古迹你都_____过吗？

   B：除了长城以外都去过了。

2. A：放假一个星期，你有_____？

   B：没有计划，你呢？

   A：我_____去桂林旅行。

3. A：你看，这儿有_____的小吃，吃什么好呢？

   B：我们挑几种吧，这三种不错。

4. A：长城的_____？

   B：美极了，我照了不少照片。

5. A：新年晚会_____吗？

   B：很热闹，大家一起唱歌、跳舞，很晚才回家。

三 给括号内的词语找到适当的位置 Find the appropriate place in the sentence for each word given in the bracket

1. 昨天 A 我们 B 划船划了 C。　　　　（两个小时）
2. 他走 A 出 B 饭店 C 了。　　　　　　（去）
3. A 从北京到上海 B 坐飞机要坐 C？　　（多长时间）
4. 火车晚上八点开，A 现在 B 去 C？　　（来得及来不及）
5. 我 A 买个花瓶 B 送给她。　　　　　　（想）

四 判断正误（对的画√，错的画×） True or false (Tick if true and cross if false)

（　　）1. 星期天我爬山了两个小时。

（　　）2. 我们看了一个半小时杂技，好看极了！

（　　）3. 你找和子吗？她回去日本了。

（　　）4. 我们看电视看一个小时了。

（　　）5. 他滑冰了一会儿。

（　　）6. 我们应该去游览一下儿北京大学。

（　　）7. 你不是说去博物馆吗？怎么还不起床？

五 把下面的句子改写成疑问句 Rewrite the following sentences into interrogative sentences

例： 我办手续办了二十分钟。
→你办手续办了多长时间？

1. 昨天上午我打字打了一个小时。

→ _____

2. 晚上我要预习一个小时语法。

→ _____

3. 现在我能翻译一些句子了。

→ _____

4. 慢点儿说，我听得懂。

→ _____

六 阅读理解 Reading comprehension

中国有句话叫"活（huó, to live）到老（lǎo, old），学到老"，意思（yìsi, meaning）是，人从小到大学习没有结束（jiéshù, to end）的时候。

31 那儿的风景美极了

上小学以前，在家里，我们跟着爸爸、妈妈学；上幼儿园（yòu'éryuán, kindergarten）以后，我们开始跟着老师学。然后，我们开始上小学、中学、大学。一般小学学六年，中学学六年，上了大学还要学四五年。参加工作以后，我们还要学习各种知识（zhīshi, knowledge）和技术。有的人还要上业余（yèyú, spare time）大学。退休（tuì xiū, to retire）以后，有些六七十岁的老人（lǎorén, old man or woman）虽然不工作了，但他们还要去上老年大学。他们学画画儿，学外语……学习热情（rèqíng, enthusiam）一点儿也不比年轻人差（chà, poor）。

所以，人要想不断（búduàn, constantly）取得（qǔdé, to obtain）进步，就要努力学习，要"活到老，学到老"。

■ 根据短文，选择正确答案 Choose the right answers according to the passage

（　　）1. "活到老，学到老"的意思是：
　　A. 人老了的时候开始学习。
　　B. 人从小时候一直到老都要学习。
　　C. 人到老了的时候就可以不用学习了。

（　　）2. A. 孩子上小学以前都在家里。
　　B. 孩子上小学以前都去幼儿园。
　　C. 孩子上小学以前有些在家里有些去幼儿园。

（　　）3. A. 一般老人的学习热情比较差。
　　B. 有些老人的学习热情并不差。
　　C. 老人的学习热情不能和年轻人比。

七 交际练习 Communicative practice

请说一说你的一次旅行。
Please talk about one of your trips.

旅游（2）

32 买到票了没有
HAVE YOU GOT THE TICKET

一 熟读词语 Read the following words repeatedly

以内	预订	帮忙
三天~	~（飞）机票	给……~
一个月~	~车票	帮帮忙
二十人~	~房间	帮……的忙

退	卖	检查
~钱	~东西	~身体
~……票	~什么	~行李
~房间	~得……	安(全)检(查)

讨论	办法	广告
~问题	有~	做~
~语法	想~	听~
~得……	好~	看~

挂	停	
~在……	~车	
~好了	~在……	
~着……	~着……	

二 选择以上词语完成对话 Complete the following dialogues with the above words or phrases

1. A：你行李这么多，要我_____？

   B：不用，我拿得了。谢谢！

2. A：听说你要去桂林旅行，机票_____？

   B：预订了，是明天上午十点的。

3. A：老师说，昨天学的语法有点儿难，今天上课的时候，让我
      们_____。

   B：我很喜欢上讨论课。

4. A：上飞机以前要_____行李。

   B：那我们先去安检吧。

5. A：你新买的画儿_____？

   B：挂在大房间了。

6. A：外面_____一辆小汽车，是你的吗？

   B：不是。我知道那儿不能停车。

7. A：这本书，你_____看得完吗？

   B：三天太少了，一个星期才能看完。

三 给括号内的词语找到适当的位置 Find the appropriate place in the sentence for each word given in the bracket

1. 小李要布置新家，我们去给 A 帮 B 忙 C。　　　　　　　　（他）

2. A 衣柜里 B 她的新衣服 C。　　　　　　　　　　　　　　（挂着）

3. 火车站Ａ十天以内Ｂ的票Ｃ，你可以去买。　　　　（卖）

4. 我想Ａ退Ｂ这件新买Ｃ的毛衣，不知道可以不可以。（了）

5. 小王没进Ａ图书馆Ｂ借Ｃ书。　　　　　　　　　　（去）

四　改错句　Correct the mistakes in the following sentences

1. 他进着电影院去看电影了。

→ _____

2. 商店里挂很多广告。

→ _____

3. 我出门的时候忘了关电视，现在电视还开呢，真糟糕！

→ _____

4. 星期天我要去学校给老师帮忙一天。

→ _____

5. 你看小李了吗？我找了他好长时间了。

→ _____

五　用"没有"把句子改写成疑问句　Rewrite the following sentences with "没有" into interrogative sentences

例：　礼堂门外写着电影的名字。

→ 礼堂门外写着电影的名字没有？

1. 图书馆外边停着小汽车。

→ _____

2. 他在开讨论会的时候看见张老师了。

   → _____

3. 桌子上放着一个漂亮的花瓶。

   → _____

4. 他家的门关着。

   → _____

5. 钱包里放着银行卡。

   → _____

6. 我听见外边有人说话。

   → _____

六 阅读理解 Reading comprehension

小林快结婚了。今天她带我们去参观新房，新房已经（yǐjīng, already）布置好了。

走进客厅（kètīng, living-room），就看见窗户上贴（tiē, to paste）着大大的红"囍"（xǐ）字，墙（qiáng, wall）上挂着他们的结婚照。屋子（wūzi, room）里的东西都是新买的。沙发、电视、电脑桌、电脑等（děng, etc.）都放在客厅里。卧室（wòshì, bedroom）里有一张大床，旁边放着一个大衣柜。卫生间（wèishēngjiān, bathroom）里放着洗衣机，厨房（chúfáng, kitchen）里放着冰箱。我们都觉得小林的新房又漂亮又舒服。工作一天回到家，看看电视、喝喝茶，给朋友发发微信，做点儿自己喜欢吃的饭菜，多高兴啊！到了周末，再约好朋友来家里玩儿，就更高兴了！

小林的新房真不错！我们祝她新婚快乐，生活幸福！

■ **根据短文，选择正确答案** Choose the right answers according to the passage

（　　）1. A. 小林已经结婚了。

　　　　　B. 小林马上要结婚了。

　　　　　C. 小林结婚两个月了。

（　　）2. A. 新房是睡觉的屋子。

　　　　　B. 新房是新婚用的房子。

　　　　　C. 新房是和客人见面的屋子。

（　　）3. A. 他们看新房的时候是星期六。

　　　　　B. 他们看新房的时候看了看电视，喝了喝茶。

　　　　　C. 要是工作一天回到家，可以看看电视、喝喝茶；到了周末，还可以约朋友来家里玩儿。

七 交际练习 Communicative practice

请说一说你的房间的布置。

Please talk about the arrangement of your room.

旅游（3）

33 我们预订了两个房间
WE BOOKED TWO ROOMS

一 熟读词语　Read the following words repeatedly

终于	洗澡	饿	衬衫
~来了	洗（一）个澡	~极了	穿~
~完了	洗洗澡	非常~	一件~
~懂了	洗完澡了	~不~	白~
~修好了			

渴	裙子	裤子	餐厅
~极了	穿~	买~	去~
~死了	红~	穿~	进~
~不~	一条~	一条~	在~

空	满	质量	酒店
~房间	住~	~好/差	住~
~教室	坐~	空调~	预订~
~盒子	写~	东西的~	~的房间
~箱子	放~		

二 选择以上词语完成对话　Complete the following dialogues with the above words

1. A：你们酒店还有_____？

   B：没有了，都_____。

2. A：今天去参加玛丽的生日晚会，你说我是_____还是
   _____？

   B：穿裙子吧，裙子比_____漂亮。

3. A：我_____，有水吗？

   B：有，也有茶，你喝什么？

4. A：刚打完网球，真想_____个_____。

   B：快去洗吧。

5. A：这个箱子的_____，刚买来就坏了。

   B：去商店问问能不能退，换一个也可以。

6. A：你_____，我等了你半个小时了！

   B：对不起，让你久等了。

三 给括号内的词语找到适当的位置　Find the appropriate place in the sentence for each word given in the bracket

1. 只要你说得慢一点儿，A 我 B 听得 C 懂。　　　（就）

2. 我走进礼堂的时候，看见 A 里面 B 坐 C 了人。　（满）

3. 饿死我了，先让我 A 吃 B 东西 C 吧。　　　　（一点儿）

4. 这个酒瓶太高，A 放 B 进冰箱 C 去。　　　　（不）

5. 我们 A 预订 B 好了一个 C 干净舒服的房间。　（终于）

四 改错句　Correct the mistakes in the following sentences

1. 这个车太大，门太小，不开进去。

   →_____

2. 你看，她穿的漂漂亮亮地。

   → _____

3. 打开空调吧，我们可以凉凉快快休息。

   → _____

4. 只要不下雨，就我们去划船。

   → _____

5. 刚运动完，我想先洗澡洗澡再吃饭。

   → _____

6. 他买了一条白衬衫。

   → _____

五 **仿照例子造句（用上所给词语）** Make sentences with the given words or phrases in the brackets following the example

例： 如果天气好，我们一定去公园玩儿。（只要……就……）

→ 只要天气好，我们就去公园玩儿。

1. 这个包太小，书不能放进去。（V 不……）

   → _____

2. 这辆车满了，我不能上去了。（V 不……）

   → _____

3. 有地图，我能找到那个地方。（只要……就……）

   → _____

4. 空调的质量好，我买。（只要……就……）

　　→ _____

5. 箱子不大，能放进车里。（只要……就……）

　　→ _____

六　阅读理解　Reading comprehension

　　星期天，我和张英要去参加小林的婚礼（hūnlǐ, wedding），我们穿什么好呢？张英说，只要穿得干净好看就可以。我问她是穿裤子还是穿裙子。她说当然是穿裙子。我试了试我的裙子，都有点儿瘦了。张英说，她的裙子颜色不太好看。这样，我们就去商店买裙子了。

　　商店里东西很多，人也很多。我们找到卖衣服的地方，那儿挂满了各式各样的裙子，我们都不知道该挑哪一条了。

　　我们让售货员拿了几条试了试，还不错，终于买到了两条又漂亮又合适的裙子。星期天我们可以穿着漂亮的裙子，高高兴兴地去参加小林的婚礼了。

■ **根据短文，选择正确答案**　Choose the right answers according to the passage

（　　）1. A. "我"打算陪张英去买裙子。

　　　　　B. 张英和"我"打算去商店买裙子。

　　　　　C. 张英和"我"没买到合适的裙子。

（　　）2. A. "我"瘦了。

　　　　　B. "我"的裙子变小了。

C. "我"变胖了。

（　　）3. "都不知道该挑哪一条了"的意思是：

A. 不知道卖裙子的地方

B. 不知道在哪儿挑裙子

C. 不能决定（juédìng, to decide）挑哪条裙子

（　　）4. A. 今天我们穿得很漂亮。

B. 我们买到了参加婚礼要穿的裙子。

C. 星期天我们很高兴地参加了小林的婚礼。

七 交际练习　Communicative practice

请说一说旅行的时候你要预订什么样的房间，选择什么交通工具。
Please talk about the room you want to reserve and what kind of transportation you choose for your trip.

看病

34 我头疼
I HAVE A HEADACHE

一 熟读词语 Read the following words repeatedly

开始	打针	受
~上课	打一针	~伤
~发烧	打不~	~得/不了
~锻炼	给……~	

伤	情况	重
摔~	工作~	很~
重~	学习~	不~
~得……	生活~	~死了
	交通~	

锁	锻炼	手术
~门	~身体	做~
~好（柜子）	~一会儿	做了一次/个~
修（理）~	喜欢~	

二 选择以上词语完成对话 Complete the following dialogues with the above words or phrases

1. A：出门的时候别忘了把门_____。

   B：放心吧，忘不了！

2. A：早上他一起床就去_____。

   B：我知道，他每天都跑步。

3. A：听说小王住院做了_____。

   B：手术做得不错，快出院了。

4. A：听说小张昨天下雨的时候_____，是吗？

   B：是，可是伤得不重，没关系。

5. A：大夫，打不打针？

   B：不用_____，吃点儿药就好了。

6. 老师：现在_____，请打开书，念生词。

   学生：可以看拼音（pīnyīn）吗？

   老师：可以。

三 给括号内的词语找到适当的位置　Find the appropriate place in the sentence for each word given in the bracket

1. 他 A 把学习情况 B 告诉爸爸妈妈 C。　　　（要）

2. 你 A 一定 B 把护照 C 放好。　　　　　　（得）

3. 一下课，A 他们 B 都去操场 C 锻炼了。　　（就）

4. 请 A 你 B 那本书 C 拿给我看看。　　　　（把）

5. 大夫 A 手术的情况 B 告诉了 C 小王的爱人。（把）

四 改错句　Correct the mistakes in the following sentences

1. 王经理把文件看。

   → _____

2. 大夫请他把嘴张，要看看他的嗓子。

   →＿＿＿＿＿＿＿＿＿＿＿＿＿＿＿＿＿＿＿＿＿＿＿

3. 她家门一进就说："妈妈，快吃饭吧，我饿死了！"

   →＿＿＿＿＿＿＿＿＿＿＿＿＿＿＿＿＿＿＿＿＿＿＿

4. 只要休息休息，伤才能好。

   →＿＿＿＿＿＿＿＿＿＿＿＿＿＿＿＿＿＿＿＿＿＿＿

5. 她打针了两天，现在好多了。

   →＿＿＿＿＿＿＿＿＿＿＿＿＿＿＿＿＿＿＿＿＿＿＿

6. 请你把灯开，我想看看书。

   →＿＿＿＿＿＿＿＿＿＿＿＿＿＿＿＿＿＿＿＿＿＿＿

五 把下面的句子改成"把"字句 Change the following sentences into the "把" sentences

   例：他喝了那杯茶。→ 他把那杯茶喝了。

1. 他办完了出院手续。

   →＿＿＿＿＿＿＿＿＿＿＿＿＿＿＿＿＿＿＿＿＿＿＿

2. 他弄伤了手。

   →＿＿＿＿＿＿＿＿＿＿＿＿＿＿＿＿＿＿＿＿＿＿＿

3. 早上锻炼的时候，他丢了自行车钥匙。

   →＿＿＿＿＿＿＿＿＿＿＿＿＿＿＿＿＿＿＿＿＿＿＿

4. 你吃了那个橘子吧！

   →＿＿＿＿＿＿＿＿＿＿＿＿＿＿＿＿＿＿＿＿＿＿＿

5. 他买好了去上海的飞机票。

→ _____

六 阅读理解 Reading comprehension

前几天下大雪，小李骑车摔倒（dǎo, to fall）了，把腿（tuǐ, leg）摔伤了，伤得比较重，走不了路了。同学们把他送到医院，大夫一检查，就让他住院了。同学们帮他办了住院手续，护士把他送到病房（bìngfáng, ward of a hospital），让他躺好。

大夫说，小李的腿得做手术，手术以后很快就会好的。这个医院的水平比较高，大夫的技术也好，同学们让小李放心。同学们说，一有空儿就会来医院看他。他要是有事，就给大家打电话，想吃什么，想看什么书和杂志（zázhì, magazine），同学们就给他送来。上课的事别着急（zháo jí, worry），伤好了，出院了，老师和同学们会帮助他的。

小李说，谢谢大家，他一定听大夫的话，早点儿把腿治（zhì, to cure）好，早点儿出院，回学校和同学们一起学习，一起锻炼。

■ **根据短文，选择正确答案** Choose the right answers according to the passage

（　　）1. A. 小李不想走路了。

　　　　　B. 小李腿受伤了，不能走路了。

　　　　　C. 小李伤得不太重，还能走路。

（　　）2. A. 同学们让小李有事打电话，大家会给他送东西。

　　　　　B. 小李给同学们打电话，同学们给他送来了很多东西。

　　　　　C. 小李给同学们打电话，说想吃东西，想看书和杂志。

(　　) 3. A. 小李伤好了，已经出院了。

　　　　　B. 小李想早一点儿治好腿，早一点儿出院。

　　　　　C. 小李回学校和同学们一起上课，一起锻炼了。

七　交际练习　Communicative practice

请说一说你的一次看病经历。

Please talk about one of your experiences of seeing a doctor.

探望

35 你好点儿了吗
ARE YOU BETTER NOW

一 熟读词语 Read the following words repeatedly

被	撞	什么的
~摔碎	~伤	手机、电脑~
~弄脏	~倒	唱歌、跳舞~
~……用坏了	被……~	喝点儿咖啡~
~……（预）订完了		

看样子	着急	倒
~病了	别~	摔~
~很高兴	很~	刮~
~身体不错	为……~	打~
~要下雨了		

保证	准时	戴
~没问题	~上课	~眼镜
有/没（有）~	~开会	~花儿
~能……	~送到	~手表

二 选择以上词语完成对话 Complete the following dialogues with the above words or phrases

1. A：这种空调质量好吗？

   B：＿＿＿＿＿＿＿＿＿＿＿，你放心吧！

35 你好点儿了吗

2. A：下午两点，你一定要把文件送到张老师办公室。

   B：好的，我一定_____。

3. A：现在几点了？

   B：我没_____，看看手机吧！

4. A：丽林酒店还有空房间吗？

   B：没了，都_____。

5. A：刮风了，天也黑了，_____，快走吧！

   B：是啊，下雨以前常常刮风。

6. A：我们去咖啡馆_____，好吗？

   B：我不喜欢喝咖啡，也不习惯喝（牛）奶，还是去茶馆喝茶吧！

三 给括号内的词语找到适当的位置 Find the appropriate place in the sentence for each word given in the bracket

1. 那个孩子的 A 手 B 毛笔 C 弄黑了。 （被）

2. 现在她正 A 买不到 B （飞）机票 C 着急呢！ （为）

3. 我忘了关窗户，A 花儿 B 风 C 刮倒了。 （叫）

4. 只要是周末，A 他 B 和朋友们一起 C 去喝酒、唱歌什么的。 （就）

5. 他 A 车 B 停在 C 那棵（kē, a measure word）大树下边了。（把）

四 改错句 Correct the mistakes in the following sentences

1. 他的身体一天一天好。

   → _____

2. 那个手机买的人是我弟弟。

   → _____

3. 车开得太快,那棵小树叫撞倒了。

   → _____

4. 那儿离这儿很近,不用坐车,我们走去着吧。

   → _____

5. 我看样子他很着急,不知道为什么。

   → _____

6. 刚买的杂志被我忘出租车了。

   → _____

五 把下面的句子改成"被"字句 Change the following sentences into the "被" sentences

例: 他把我的包借走了。

→ 我的包被他借走了。

1. 打球的时候,把他撞倒了,眼镜也摔坏了。

   → _____

2. 小狗把孩子的牛奶喝了。

   → _____

3. 她把妹妹关在门外了。

   → _____

4. 快递公司把他寄给玛丽的东西退回来了。

   → _____

5. 他弄丢了电影票,不能看电影了。

   → _____

六 阅读理解 Reading comprehension

今天是安文又着急又感激(gǎnjī, to appreciate)又高兴的一天。你知道为什么吗?

今天是星期天,安文吃完早饭,想去买点儿水果什么的。这时候,她习惯地去拿自己的小包,可是小包不见了!小包呢?丢了吗?安文开始着急了。小包里有钱,有银行卡、校园卡,还有男朋友刚寄来的照片……小包怎么会没有了呢?

她想了想,昨天下午和朋友们去唱卡拉OK,天黑了才坐出租车回来,她觉得又饿又累,在宿舍吃了一点儿东西,就洗了个澡睡觉了。小包一定是被忘在出租车上了!她找出昨天坐车的发票(fāpiào, invoice),上边有出租车公司的电话号码,她就给公司打了个电话,说了昨天坐车的情况。

公司的人说,他们也正在想办法找她呢!安文坐的那辆车的司机(sījī, driver)已经把她的小包交到公司了。安文听到以后,高兴得不知道说什么好,她放下电话就出门了。她要去出租车公司感谢他们,拿回被自己丢了的小包。

■ **根据短文，选择正确答案** Choose the right answers according to the passage

（　　）1. 安文着急是因为_____。

  A. 小包丢了

  B. 她想看男朋友的照片

  C. 她想快一点儿去买水果什么的

（　　）2. 安文找出坐车的发票，找到电话号码，是要_____。

  A. 预订出租车

  B. 给朋友打电话

  C. 给出租车公司打电话找回小包

（　　）3. "高兴得不知道说什么好"的意思是_____。

  A. 太高兴了

  B. 不知道用汉语怎么说

  C. 不知道公司的人说了什么

七　**交际练习**　Communicative practice

请说一说在你的国家探望病人的时候常常带什么东西。
Please talk about what you usually bring when visiting patients in your country.

> 告别

36 我要回国了
I'LL BE BACK TO MY COUNTRY

一 熟读词语　Read the following words repeatedly

告别	打扰	照顾
~北京	~……了	~孩子
向……~	~……休息	~老人
跟……~	~……一下儿	~病人

够	准备	继续
吃~了	~考试	~学习
喝~了	~结婚	~工作
……不~了	~好了	~讨论
……得很不~		

打算	离开	一边……一边……
~去旅行	~家	~工作~学习
有（没有）~	~学校	~喝茶~聊天儿
~做……	离得/不开	~听音乐~看手机

已经	老	机会
~寄走了	~刮风	好~
~懂了	~下雨	趁……~
~修好了	~发烧	有（没有）~

二 选择以上词语完成对话 Complete the following dialogues with the above words or phrases

1. A：你就要回国了，去＿＿＿＿＿＿＿＿＿＿？

   B：去了，告别的时候，同学们都说让我多跟他们联系。

2. A：对不起，＿＿＿＿＿＿＿＿＿＿，王红是住在这儿吗？

   B：是住在这儿。

3. A：刘丽上班，孩子还小，现在是她妈妈帮她＿＿＿＿＿＿。

   B：家里有老人就是好。

4. A：听说小林要结婚了，不知道他们＿＿＿＿＿＿＿＿＿＿。

   B：房子和东西都准备好了。

5. A：你毕业以后，还＿＿＿＿＿＿＿＿汉语吗？

   B：学，不学就忘了。

6. A：放假的时候，＿＿＿＿＿＿＿＿＿？

   B：哪儿也不去，在家休息。

7. A：公司让我出国学习一个月。

   B：这是一个＿＿＿＿＿＿，你要好好儿学习。

三 给括号内的词语找到适当的位置 Find the appropriate place in the sentence for each word given in the bracket

1. 小张 A 去上海 B 出差的 C 机会去看看老朋友。（趁）

2. 他 A 第一次 B 家 C 去国外生活，有点儿不习惯。（离开）

3. 他头疼是 A 昨天 B 晚上 C 没睡好觉。（因为）

4. 他 A 在北京 B 住了 C，已经习惯了。（一年）

36 我要回国了

四 改错句 Correct the mistakes in the following sentences

1. 他来十分钟教室了。

    → _____

2. 他们聊天儿了半个小时。

    → _____

3. 放假的时候，我们班有同学去上海，有同学去桂林。

    → _____

4. 我快回国了，明天向朋友去告别。

    → _____

5. 好长日子没有看见他了。

    → _____

五 仿照例子造句（用上所给词语） Make sentences with the given words following the example

例：　　走路　　打电话　　一边……一边……
　　　→ 他一边走路，一边打电话。

1. 看书　　听音乐　　一边……一边……

    → _____

2. 天气好　　去公园　　看花儿　　趁

    → _____

3. 这些杂志　　我妹妹的　　我的　　有的……有的……

    → _____

4. 离开　商店　半个小时

→ _____

5. 前　走　就是　商店　往

→ _____

六　阅读理解　Reading comprehension

和子快回国了。他们班五六个同学约好，星期六下午到和子宿舍跟和子一起做饭，在她那儿开一个晚会。

下午四点，同学们来了。有的买了水果，有的买了啤酒，有的买了鱼、肉（ròu, meat）和蔬菜。到了以后，大家就开始忙起来。有的洗菜，洗水果；有的搬（bān, to move）桌子，搬椅子，布置房间。大家一边干活儿（gàn huór, to work），一边聊天儿。

有的说，刘京应该做一个北京风味儿（fēngwèir, flavor, style）的菜，这样和子才会记住他的名字。刘京说，和子应该做一个日本菜，大家吃了才会更了解（liǎojiě, to know）她。同学们就这样高高兴兴、热热闹闹地聊着，准备着他们的晚会。

和子说："我来北京这么长时间，同学们对我像兄（xiōng, elder brother）弟姐妹一样，趁今天这个机会，我要好好儿谢谢大家，为大家做一个日本菜。"她一边说一边走进厨房去做日本菜了。

■ 根据短文，选择正确答案　Choose the right answers according to the passage

（　）1. A. 和子明年就要回国了。

B. 同学们在和子那儿开会。

C. 同学们要跟和子一起吃晚饭。

（　　）2. A. 他们没买啤酒。

B. 同学们买了各种各样的东西。

C. 同学们一起去买了很多东西。

（　　）3. A. 和子不会做日本菜。

B. 同学们聊得很热闹。

C. 准备晚会时，一些同学聊天儿，一些同学干活儿。

（　　）4. A. 和子有兄弟姐妹。

B. 同学们对和子很好。

C. 和子跟她的兄弟姐妹很像。

七 交际练习　Communicative practice

你要回国了，你去和中国朋友告别（提示：什么时候走，怎么走，回国后的打算等）。

You're going to go back to your own country, you say goodbye to your Chinese friends (Suggested points: when will you leave, the transportation, the plan after returning to your country and so on).

37 真舍不得你们走
WE ARE SORRY TO LET YOU GO

饯行

一 熟读词语 Read the following words repeatedly

深	该	舍不得
水很~	~吃饭了	~吃
友谊很~	~休息了	~用
~（颜）色	~你／我／他了	~离开
		~花（钱）

留	欢送	热情
~地址	~会	不~
~电话号码	热情~	~帮助
~给……	~……	~介绍
	开~会	

取得	水平	旅游	贴
~联系	生活~	~公司	~画儿
~签证	技术~	去……~	~广告
~……成绩	汉语~	在……~	~好

二 选择以上词语完成对话 Complete the following dialogues with the above words or phrases

1. A：下星期大卫回国，我们给他＿＿＿＿＿＿＿＿＿＿＿＿＿。

   B：好，就在我家里开吧！

2. A：你去美国旅行，_____？

   B：取得签证了。

3. A：生日蛋糕妈妈_____吃，她要_____孩子们。

   B：当妈妈的都是这样。

4. A：十二点了，_____，你怎么还看书呢？

   B：你要是不说，我把吃饭都忘了！

5. A：你看，这件衬衫怎么样？

   B：_____有点儿_____，你穿深色的不太合适。

6. A：你的_____越来越高了。

   B：哪儿啊，没有你提高得快。

三 **给括号内的词语找到适当的位置** Find the appropriate place in the sentence for each word given in the bracket

1. 小王 A 通知 B 贴在 C 教室墙上了。　　　　　　（把）
2. A 雪 B 下得 C 大。　　　　　　　　　　　　　（越来越）
3. 她 A 花 B 那么多钱 C 买衣服。　　　　　　　（舍不得）
4. 你累了一天了，A 回家 B 好好儿 C 休息休息了。（该）
5. 他 A 毕业以前 B 要去公司 C 一个月。　　　　（实习）
6. 妈妈，今天我回来得晚，您 A 把饭 B 给我 C　　（留）
   在桌子上吧。

四　改错句　Correct the mistakes in the following sentences

1. 她挂衣服在柜子里了。

   → _____

2. 他在玛丽的本子上留电话号码了。

   → _____

3. 同学们交练习本给老师了。

   → _____

4. 桂林的风景很精彩。

   → _____

5. 参观浦东的时候，导游给我们介绍得很热情。

   → _____

五　仿照例子造句（用上所给词语）　Make sentences with the given words or phrases in the brackets following the example

例：　冬天了，天气一天比一天冷。（越来越）

　　　→ 冬天了，天气越来越冷了。

1. 他生病了，他没有休息。（虽然……可是……）

   → _____

2. 人们的生活水平一年比一年高了。（越来越）

   → _____

3. 黑板上有几个老师写的句子。（把）

   → _____

4. 王兰要用照相机,我借给她用了。(把)

   → _____

5. 已经十一点了,睡觉的时间到了。(该)

   → _____

六 阅读理解 Reading comprehension

现在人们的生活越来越方便。

出门坐车,有地铁、出租车、公共汽车(gōnggòng qìchē, bus)等交通工具(gōngjù, vehicle)。公共汽车上虽然人多,可是车票很便宜。

买东西也很方便,因为有各种各样的商店、超市。生活用的、学习用的,中国的、外国的,只要舍得花钱,什么东西都能买到。

现在吃饭也很方便。要是你不想做饭,就到外边吃,大大小小的饭馆儿一条路上就有好几家。还有,现在吃的、用的各种东西都可以上网买,还可以送到家里。

要是你想出去玩儿,选择(xuǎnzé, choice)也很多。你可以去远的地方,也可以去近的公园;可以去游览名胜古迹,也可以到城外走走。现在天气越来越暖和,我们该告别冬天,去看看春天的风景了。朋友们,快走出家门吧!

■ 根据短文,选择正确答案 Choose the right answers according to the passage

(   ) 1. A. 坐公共汽车不好。

　　　　 B. 出门一定要坐出租车。

　　　　 C. 坐公共汽车很便宜。

(　　) 2. A. 买东西要舍得花钱。

B. 商店多，东西也多，买东西很方便。

C. 虽然有各种各样的商店，但有的东西买不到。

(　　) 3. A. 不想做饭，就只能去外边吃。

B. 外边的饭馆儿有的大，有的小，但很少。

C. 不想出门，可以上网买吃的。

(　　) 4. 文章最后一句话的意思是：

A. 朋友们很快走出了家门。

B. 春天到了，快去看风景吧。

C. 外边比家里暖和，快点儿出去吧。

七　**交际练习**　Communicative practice

你的同学要回国了，你负责组织一个欢送会（提示：时间、地点、参加人员及活动安排）。

Your classmate is going to go back to his/her country, you are responsible for organizing a farewell party (Suggested points: time, place, participants and arrangements).

托运

38 这儿托运行李吗

IS THIS THE PLACE FOR CHECKING LUGGAGE

一 **熟读词语** Read the following words repeatedly

算	运	搬	为了
~对了	~行李	~家	~方便顾客
~完了	~东西	~桌子	~身体健康
~得很清楚	~到……	~椅子	~学好……
		~得/不动	

取	交流	打听	
~包裹	技术~	~一个人	
~行李	国际~	~一件事	
~钱	……~中心	~到了……	
~衣服			

二 **选择以上词语完成对话** Complete the following dialogues with the above words or phrases

1. A：我说的那本新书在哪儿卖，你＿＿＿＿＿＿＿＿吗？

   B：小李说，学校旁边的书店就卖。

2. A：这么重的桌子你＿＿＿＿＿＿＿＿？我帮你搬吧。

   B：那太好了！

3. A：我洗的衣服什么时候_____？

　　B：明天就可以。

4. A：你每天早上都跑步，星期天也不多睡一会儿，真辛苦！

　　B：_____，就要每天锻炼嘛！

5. A：我们今天花了六百五十三块钱，你看我_____？

　　B：对，一分钱也不差。

三 给括号内的词语找到适当的位置　Find the appropriate place in the sentence for each word given in the bracket

1. 你 A 把包裹上的地址 B 写得 C 更清楚一些。　　　　（应该）

2. 你 A 一定要 B 大夫说的 C 时间吃药。　　　　　　　（按照）

3. 这个包有三四十斤重，我想你 A 大概 B 拿 C 动。　　（不）

4. 为了让爸爸、妈妈放心，她每个星期都 A 给他们　　（好几次）
　　打 B 电话 C。

5. 你 A 帮我 B 把行李 C 放到上边吗？　　　　　　　　（可以）

四 改错句　Correct the mistakes in the following sentences

1. 因为方便顾客休息，商店里放了一些长椅。

　　→ _____

2. 他的行李箱里不但有衣服，和有书。

　　→ _____

3. 钱快花完了，下午我要去银行拿钱。

　　→ _____

4. 不但那儿古迹很多，风景而且很美。

   → _____

5. 刚见面的时候，我想不出他的名字来了，现在想出来了。

   → _____

五 **仿照例子造句（用上所给词语）** Make sentences with the given words or phrases in the brackets following the example

例： 寄包裹　海运行李　（不但……而且……）

→ 他不但要寄包裹，而且要海运行李。

1. 价目表　交钱　（按照）

   → _____

2. 天气好　坐飞机　（的话）

   → _____

3. 把那本书　拿下去　就不超重　（的话）

   → _____

4. 来中国　学习汉语　是　（为了）

   → _____

5. 喜欢学习汉语　喜欢唱中文歌　（不但……而且……）

   → _____

六 **阅读理解** Reading comprehension

下个月张老师要去韩国开一个国际汉语教学经验（jīngyàn, experience）交流会，他很高兴。他想，趁开会的机会要和好久没见面的老朋友们聚一聚（jù, to get together）。

现在，张老师得先去韩国大使馆办签证。大使馆周末不办公，今天已经是星期五了，今天不去的话，就要等到下星期了。张老师觉得应该早一点儿把签证办好，要是办晚了，不能准时去开会，就麻烦了。所以，今天上午他就去了韩国大使馆。

为了准备得充分（chōngfèn, full）一些，几天以前，张老师就打听好了韩国大使馆在哪儿。他觉得最方便最省（shěng, to save）时间的方法是坐地铁，所以他就坐地铁去了。

张老师到大使馆的时候，等着办签证的人不多，所以很快就到他了。签证办得很顺利，再过一个星期他就可以拿到了。他还打听好了可以带多少行李。虽然张老师自己的行李不多，可是他要给朋友带一些书，书比较重，行李超重的话，比较麻烦。还好，不会超重。张老师终于放心了。

■ 根据短文，选择正确答案　Choose the right answers according to the passage

（　　）1. A. 张老师现在在韩国。

　　　　　B. 张老师还没到韩国。

　　　　　C. 张老师见到了老朋友。

（　　）2. A. 今天张老师去大使馆了。

　　　　　B. 今天张老师不去大使馆，他下星期去。

　　　　　C. 张老师签证办晚了，不能准时去开会了。

（　　）3. A. 张老师的行李准备得很充分。

　　　　　B. 张老师开会的事准备得很充分。

C. 张老师办签证的事准备得很充分。

（　　）4. A. 张老师的行李不会超重。

B. 张老师不知道可以带多少行李。

C. 张老师的行李超重了，比较麻烦。

七　交际练习　Communicative practice

快放假了，A 的行李很多，A 和 B 讨论如何托运行李。
The vacation is coming, A has a lot of luggage, A and B discuss how to check the luggage.

送行（1）

39 不能送你去机场了
I CAN'T GO TO THE AIRPORT TO SEE YOU OFF

一 熟读词语　Read the following words repeatedly

替	添	乱
~朋友办事	~麻烦	刮~了
~……取包裹	~衣服	弄~了
~……交……费	~（一）点儿	房间里太~
		写得太~

随身	特别	轻
~带着	很~	~一点儿
~带的	~疼	特别~
	~乱	轻轻地
	~热闹	

重新	转	报名
~了解	~车	~去……
~布置	向左~	报没~
~弄一下儿	~给……	报不~
		~参加……

结实	安静	了解
不~	很~	~中国
身体很~	请~	~……情况
~（一）点儿的	~地……	对……很~
		对……不~

39 不能送你去机场了

二 选择以上词语完成对话 Complete the following dialogues with the above words or phrases

1. A：那件衣服有点儿贵，可是样子＿＿＿＿＿＿，我想买。

   B：是跟别的不一样，那就买吧！

2. A：这几个菜够吗？要不要再＿＿＿＿＿＿？

   B：不用了，多了吃不了！

3. A：孩子已经睡了，你＿＿＿＿＿＿关门。

   B：我知道。

4. A：这双鞋真＿＿＿＿＿＿，才穿了两个星期就坏了。

   B：再买一双＿＿＿＿＿＿吧。

5. A：妈妈要跟朋友们去旅行。

   B：年纪大了，别忘了让她＿＿＿＿＿＿点儿药。

6. A：我在中国，不但要学习汉语，还要＿＿＿＿＿＿。

   B：那你应该多去各地走走、看看，多和中国人聊聊。

三 给括号内的词语找到适当的位置 Find the appropriate place in the sentence for each word given in the bracket

1. 刘老师 A 明天 B 张老师 C 给我们班上课。（替）

2. 请你 A 把这封信 B 给王兰 C。（转）

3. 他把 A 带的 B 两本 C 杂志送给火车上认识的朋友了。（随身）

4. 这个房间我布置得不好，A 你 B 帮我 C 布置一下儿吧。（重新）

5. 我去看他的时候，A 他 B 安静地 C 躺着呢。（正）

四 改错句 Correct the mistakes in the following sentences

1. 你今天或者明天去取照片？

   → _____

2. 你的手提包不如我的旧。

   → _____

3. 旅行的时候，我和玛丽住在一个房间，和子住在别的一个房间。

   → _____

4. 你报名下星期的足球比赛了吗？

   → _____

5. 以前买的这双鞋很结实，我要重新买一双这样的鞋。

   → _____

五 仿照例子造句（用上所给词语） Make sentences with the given words or phrases in the brackets following the example

例：我有五本汉语书，他有十本汉语书。（不如）

→ 我的汉语书不如他的多。

1. 今天 16℃，昨天 20℃。（不如）

   → _____

2. 坐地铁去用一个小时，坐汽车去用一个半小时。（不如）

   → _____

3. 大夫说，今天住院可以，明天住院也可以。（或者）

   → _____

4. 在上海，我们参观了浦东，也参观了南京路。(不但……而且……)

→ _____

六 阅读理解　Reading comprehension

现在交通越来越方便，出国旅游、留学或工作的人越来越多，各国人民之间（zhījiān, between）的交往（jiāowǎng, communication）也越来越多。

外国人到北京，爬长城、看故宫、吃烤鸭；在上海，游豫园、吃小吃；在桂林，看山水风景、喝中国茶。他们在快乐游览名胜古迹的时候，还能学习中国文化，了解中国和中国人。这是多好的机会啊！

中国人到国外也是一样。参观博物馆（bówùguǎn, museum），看展览，坐在街边咖啡馆喝喝咖啡……体验（tǐyàn, to experience）另外一种生活。

外国人学会了怎么做饺子、做包子、做中国菜，中国人新添了咖啡、可乐这样的饮料。在世界各国人民的交往中，在吃饭穿衣的生活里，人们认识了新朋友，学到了新东西，还了解了别的国家的文化，加深（jiāshēn, to deepen）了世界各国人民之间的友谊。

■ 根据短文，选择正确答案　Choose the right answers according to the passage

（　　）1. A. 各国人民之间的交往和交通有关系。
　　　　　B. 各国人民之间的交往和旅游没关系。
　　　　　C. 各国人民之间的交往和留学没关系。

（　　）2. A. 参观游览是吃烤鸭的好机会。

　　　　　B. 参观游览是吃小吃的好机会。

　　　　　C. 参观游览是交流文化的好机会。

（　　）3. "另外一种生活"的意思是：

　　　　　A. 别人的生活

　　　　　B. 别的城市的生活

　　　　　C. 和自己的生活不一样的生活

（　　）4. 文章最后一段的意思是：

　　　　　A. 欧美人喜欢中国饭

　　　　　B. 中国人喜欢外国饮料

　　　　　C. 各国人民在交往中交流了文化，加深了友谊

七　交际练习　Communicative practice

你的朋友要出国旅游，你来宿舍看他（提示：出发时间、行李问题、注意事项等）。

Your friend is going to travel abroad, you go to meet him in the dormitory (Suggested points: the time of leaving, the luggage and the attention points).

送行（2）

40 祝你一路平安
HAVE A PLEASANT JOURNEY

一 **熟读词语** Read the following words repeatedly

跑	挤	耽误	努力
~出去	太~	~学习	不~
~得很快/慢	~公共汽车	~工作	~工作
~得/不动	~得……	~了火车	~学习
		~了半个小时	

问候	合适	认真	进步
~你家里人	很~	~学习	~很快
替我~……	不~	~工作	~不大
	~的时间	~考虑	（没）有~

考虑	希望	平安
不~	（没）有~	一路~
~一下儿	我们的~	平平安安回家来
~得怎么样	~你常来电话	

二 **选择以上词语完成对话** Complete the following dialogues with the above words or phrases

1. A：我在街上看见写着这样的话："高高兴兴上班去，_____
　　_____。"我觉得这句话很有意思。

　 B：这是说，要注意交通安全。

2. A：今天的课我认真听了，有的地方还是听不懂。

   B：你住院_____，别着急，我们帮助你。

3. A：咱们的旅行计划你_____了？

   B：还没考虑好。

4. A：这孩子学习_____，是因为他_____。

   B：是啊，他玩儿电脑玩儿得太多了。

5. A：你什么时候跟我去看展览呢？

   B：今天没空儿，再找一个_____吧。

6. A：你快点儿啊，怎么不跑了？

   B：太累了，_____了，停下来休息一会儿吧！

三 给括号内的词语找到适当的位置　Find the appropriate place in the sentence for each word given in the bracket

1. 风这么大，你怎么 A 把 B 帽子 C 戴上？　　　　　（没）

2. 小林说，他 A 把生词 B 复习 C 完，就不看电视。　（不）

3. 下了班，A 我们 B 去医院 C 看小王。　　　　　　（就）

4. A 现在 B 上班时间还有 C 十分钟。　　　　　　　（离）

5. A 你 B 把东西 C 忘在飞机上了。　　　　　　　　（别）

四 改错句　Correct the mistakes in the following sentences

1. 在商店，我挑好帽子了，就去交钱了。

   → _____

2. 我把手提包没忘在酒店。

   → _____

3. 过马路的时候，要注意交通平安。

   → _____

4. 你回到家，替我问好你爸爸、妈妈。

   → _____

5. 我想你早一点儿出院，回到学校。

   → _____

五 **仿照例子造句（用上所给词语）** Make sentences with the given words or phrases in the brackets following the example

例： 昨天中午我们吃完饭以后，马上去看展览了。（一……就……）

→ 昨天中午我们一吃完饭，就去看展览了。

1. 他回到家，马上打开了电脑。（一……就……）

   → _____

2. 他没收拾好行李。（把）

   → _____

3. 要是汽车太挤，那么坐出租车吧。（……的话，就……）

   → _____

4. 足球比赛的时候，他的腿受伤了，他还继续参加比赛。（虽然……可是……）

→ _____

六 阅读理解 Reading comprehension

今天李成日和大卫都要回国。虽然他们不是一个国家的，可是为了给去机场送他们的同学省（shěng, to save）时间，他们就预订了起飞时间差不多的机票。

我们一共有四个同学去送他们。早上八点，我们到留学生楼门口的时候，他们已经拿着行李出来了。门口有两辆出租车等着。两个司机（sījī, driver）热情地帮他们把行李放到车上，行李放好后，我们就上车了。一辆车里坐三个人，正合适。

到了机场，我们就找来小车，把行李放好，去办托运行李和登（dēng, to board）机手续了。他们俩（liǎ, two）在海关办了出境手续，安检以后，就得去登机口等着了。

我们不能进去送他们，大家都有点儿舍不得，可是为了不耽误时间，大家说了几句告别的话就分手（fēn shǒu, to depart）了。希望不久以后我们还能再见面。

■ 根据短文，选择正确答案 Choose the right answers according to the passage

（　　）1. A. 李成日和大卫坐差不多的飞机。
　　　　　B. 李成日和大卫坐同一班（bān, flight）飞机。
　　　　　C. 李成日和大卫坐的两班飞机起飞时间差不多。

（　　）2. A. 两辆出租车是预订好的。
　　　　　B. 早上八点出租车还没到。
　　　　　C. 太巧了，门口有两辆出租车。

（　　）3. A. 送行的人不能进机场。
　　　　　B. 送行的人不能上飞机。
　　　　　C. 送行的人不能过海关安检的地方。

（　　）4. A. 大家都舍不得李成日和大卫离开。
　　　　　B. 大家差点儿耽误了李成日、大卫登机。
　　　　　C. 大家帮李成日和大卫办了出境手续。

七　交际练习　Communicative practice

B 大学毕业回国，A 去机场给 B 送行。
After graduating from the university, B will return to his country, and A goes to the airport to see B off.

测验（21—40课）

一 填空 Fill in the blanks

1. 选词填空（每个1分，共10分）
   Fill in the blanks with the right words

   ① 明天我们班去故宫（Gùgōng）_____。（参加　参观　旅游）

   ② 小王，_____我开开门。（帮　帮助　请）

   ③ 我_____好了几个朋友去旅游。（约会　说　约）

   ④ 星期六在礼堂开舞会，你们_____好了吗？（修　布置　搬）

   ⑤ 这个花瓶_____在哪儿好呢？（放　拿　收拾）

   ⑥ 新房的墙上_____着他们的结婚照。（放　挂　按）

   ⑦ 这件衣服_____短，我要长_____的。（一点儿　不太　有点儿）

   ⑧ 我每天睡得不_____，可是早上还是不能早起。（早　多　晚）

   ⑨ 躺着看书_____眼睛不好。（就　对　向）

2. 选择正确的答案填空（每题1分，共15分）
   Fill in the blanks with the correct answers

   ① 听说这本书非常有意思，你能_____吗？
   　A. 看一下儿　　　　　　　　B. 借我看看
   　C. 看一会儿给我　　　　　　D. 给借我

② 这个房间里_____，开开窗户吧。

A. 一点儿热　　　　　　　B. 不太热

C. 热一点儿　　　　　　　D. 有点儿热

③ 昨天晚上咱们都睡得很晚，今天你怎么起得_____？

A. 这么慢　　　　　　　　B. 那么快

C. 这么早　　　　　　　　D. 这么晚

④ 他画花儿_____。

A. 很好　　　　　　　　　B. 很好画

C. 画很好　　　　　　　　D. 画得很好

⑤ 王经理让大家下午_____。

A. 二点在二楼开会　　　　B. 两点开会在两楼

C. 两点在二楼开会　　　　D. 开会在二楼两点

⑥ 昨天我们_____。

A. 一起吃晚饭了在北京饭店　B. 在北京饭店了一起吃晚饭

C. 在北京饭店一起吃晚饭了　D. 吃了晚饭一起在北京饭店

⑦ 那些衣服洗得_____？

A. 干净了吗　　　　　　　B. 干净不干净

D. 很干净了吗　　　　　　C. 不干净了吗

⑧ 他是我的好朋友，_____呢？

A. 我怎么能不帮他　　　　B. 我怎么能帮他

C. 我怎么可以帮他　　　　D. 我怎么好帮他

⑨ 玛丽，你说手机不见了，床上_____？

A. 不是你的手机　　　　　B. 不是手机

C. 不是我的手机吗　　　　D. 不是你的手机吗

⑩ 明天你们吃了_____吗？

　　A. 早饭就去长城了　　　　B. 早饭去长城了

　　C. 早饭了就去长城　　　　D. 早饭就去长城

⑪ 请等一下儿，他很快_____。

　　A. 就回来　　　　　　　　B. 回来家

　　C. 回来家了　　　　　　　D. 回去家

⑫ 我的眼睛不好，这么小的字_____。

　　A. 看得清楚　　　　　　　D. 不看见

　　C. 看得见　　　　　　　　D. 看不清

⑬ 我没学过法语，我_____。

　　A. 听不懂　　　　　　　　B. 不听懂

　　C. 没听见　　　　　　　　D. 听懂了

⑭ 刚才_____的时候，你在哪儿？

　　A. 大下雨　　　　　　　　B. 下多雨

　　C. 多下雨　　　　　　　　D. 下大雨

⑮ 他唱歌_____。

　　A. 得比我好　　　　　　　B. 唱得比我好

　　C. 好比我　　　　　　　　D. 得好比我

二 给括号内的词语找到适当的位置 Find the appropriate place in the sentence for each word given in the bracket

1. A 我 B 要 C 出去找小王，小王 D 就来了。　　　　（刚）

2. 你 A 怎么 B 来，我 C 不到 D 十点就来了。　　　　（才）

3. 你找玛丽吗？她 A 回 B 去 C 了 D 。　　　　　　　（宿舍）

4. A 翻译 B 这个句子 C ，我们就去散步 D 。　　　　　（完）

5. 这是我的手机号，A 以后 B 我们 C 联系 D 吧。　　　（多）
6. A 你 B 过马路 C 要 D 安全。　　　　　　　　　　（注意）
7. 他 A 比我 B 早 C 毕业 D。　　　　　　　　　　　（两年）
8. 昨天 A 我们 B 划了 C（的）船 D。　　　　　　　（两个小时）
9. A 墙上 B 我买的 C 风景画儿 D。　　　　　　　　（挂着）
10. 我 A 饿了，B 想吃 C 东西 D。　　　　　　　　（一点儿）
11. 你 A 这儿的情况 B 跟他们 C 说说 D。　　　　　（把）
12. 飞机 A 没按时 B 起飞 C 是 D 天气不好。　　　（因为）
13. A 雨 B 下 C 得 D 大。　　　　　　　　　　　　（越来越）
14. 这个包太重，我 A 想你 B 大概 C 拿 D 动。　　（不）
15. 这个旅游计划 A 不太合适，我 B 想 C 计划一下儿 D。
　　　　　　　　　　　　　　　　　　　　　　　　（重新）

三 完成对话（每题3分，共30分） Complete the following dialogues

1. A：小刘在楼上吗？
   B：在，你_____去找他吧。

2. A：我去商店，你要带什么吗？
   B：_____买两瓶可乐。（麻烦）

3. A：请您给我们_____好吗？（照相）
   B：好。

4. A：_____？（还是）
   B：香港、上海我都想去。

5. A：_____？（上网）
   B：我常常上网，我一般在宿舍里上网。

6. A：_____？（难）

   B：汉语有点儿难，可是我觉得很有意思。

7. A：昨天下午我给你打手机，你怎么不接？

   B：真不巧，_____。（把　忘　家）

8. A：我来晚了，_____！（久）

   B：我也刚来一会儿。

9. A：_____？（生活　习惯）

   B：刚来这儿的时候，有点儿不习惯，现在习惯了。

10. A：_____是你妹妹吗？（照片）

    B：哪儿啊，是我小时候。

四 用所给的词语改写句子（每题3分，共15分）　Rewrite the following sentences with the given words

1. 昨天很冷，今天不太冷。（比）

   → _____

2. 他唱歌唱得很好，我唱得很不好。（没有）

   → _____

3. 他把我的自行车借走了。（被）

   → _____

4. 小树被大风刮倒了。（把）

   → _____

5. 我起晚了，迟到了。（因为）

   → _____

五 用所给的词语完成疑问句（每题3分，共15分） Complete the following interrogative sentences with the given words

1. A：_____汉语吗？（会）

   B：现在我会说一点儿了。

2. A：我说汉语，你_____？（……得……）

   B：你慢点儿说，我听得懂。

3. A：昨天晚上你_____（的）音乐？（时间）

   B：我听了二十分钟。

4. A：昨天你去商店_____没有？（买）

   B：我没买东西。

5. A：教室里的窗户_____没有？（着）

   B：都开着呢。

参考答案

21 请你参加

二 1. 帮助妈妈　　2. 正在　　3. 通知我们　　4. 参加工作
　　5. 一定喜欢　　6. 通知　　7. 饭店里边

三 1. A　　2. A　　3. B　　4. A　　5. B　　6. B

四 1. ✓　　2. ✓　　3. ✗　　4. ✗　　5. ✓　　6. ✗

五 1. 小王请我帮他拿东西。
　　2. 老师通知我们去长城。
　　3. 我转告他这件事了。
　　4. 圣诞节我去听音乐会。
　　5. 昨天我们去动物园看了很多动物。

六 1. A　　2. A　　3. C

22 我不能去

二 1. B：没空儿　　　　　A：有空儿
　　2. B：陪她去商店
　　3. B：刚来
　　4. B：有个约会

三 1. A　　2. A　　3. B　　4. C　　5. B　　6. B

四 1. ✗　　2. ✓　　3. ✓　　4. ✗　　5. ✓　　6. ✗
　　7. ✓

五　1. A：你吃橘子了吗？

　　　 A：你吃了几个橘子？

　　2. A：你跟王先生见面了吗？

　　　 B：跟他见面了。他给了我一本杂志。

　　3. A：我刚拿来的那本书你见了没有？

　　　 B：没见，刚拿来就没有了？你再找找。

六　1. C　　2. A　　3. C　　4. C

23　对不起

二　1. A：才来　　　　　B：久等

　　2. B：借多长时间　　A：还给你

　　3. A：弄坏了　　　　B：会修

　　4. A：约谁

三　1. B　　2. B　　3. C　　4. B　　5. A　　6. A

四　A：大卫，你看完那本杂志了吗？我也想看看。

　　B：还没看完呢，明天给你可以吗？

　　A：可以，你看完以后，让张新给我吧。

　　B：张新回上海去了，我能找到你，我给你吧。

五　1. ×　　2. ×　　3. √　　4. √　　5. √　　6. ×

　　7. ×　　8. ×

六　1. A　　2. B　　3. B

七　1. A. 上来　　B. 上去　　　2. A. 回来　　B. 回去

　　3. A. 过来　　B. 过去　　　4. A. 出去　　B. 出去

24　真遗憾，我没见到他

二　1. A：忘在里边了　　B：马上　　A：别急
　　2. A：见到　　　　　A：摔坏　　B：真可惜

三　1. A　2. B　3. B　4. A　5. A　6. B

四　1. ×　2. ✓　3. ✓　4. ×　5. ✓　6. ×
　　7. ×　8. ✓　9. ✓　10. ✓

五　1. 饭做好了，妈妈让我们吃饭。
　　2. 我的新书弄脏了，真糟糕！
　　3. 他打网球的时候摔坏了手机。
　　4. 他房间的地上有很多东西，乱七八糟的。
　　5. 他新买的手机摔坏了，你说可惜不可惜？
　　6. 糟糕，给朋友买的礼物忘拿了！

六　1. B　2. C　3. C　4. A

25　这张画儿真美

二　1. A：张画儿　　　　　　B：得真好
　　2. A：觉得很抱歉
　　3. A：布置好了
　　4. A：方便不方便
　　5. A：放在哪儿　　　　　B：放在桌子上

三　1. B　2. B　3. B　4. C　5. B

四　1. ×　2. ✓　3. ×　4. ✓　5. ×　6. ✓

五　1. 今天他们两个一起去公园玩儿了。
　　2. 这个衣柜颜色这么好看！
　　3. 你说今天冷，我觉得昨天更冷。

4. 要是你不认识路，我就带你去。

5. 这本杂志借给我看看吧。/ 这些杂志借给我看看吧。

六　1. B　　　2. B　　　3. A　　　4. A　　　5. C

26　祝贺你

二　1. A：考得怎么样　　　　　　A：考得不太好

　　2. A：有一个问题

　　3. A：全班

　　4. A：拿得了吗

　　5. B：你工作顺利

三　1. B　　2. B　　3. B　　4. C　　5. C　　6. C

四　1. ×　　2. ×　　3. √　　4. √　　5. ×　　6. ×

五　1. 这个问题难，我不会做。

　　2. 他们结婚以后，有了一个很可爱的孩子，生活得很幸福。

　　3. 这个铅笔盒打不开，你帮我一下儿。

　　4. 这本小说你一个星期看得完看不完？

　　5. 那个中国人说得太快，我听不懂。

　　6. 他买了一条鱼，想晚饭的时候吃。

六　1. C　　2. C　　3. C

27　你别抽烟了

二　1. A：注意休息

　　2. A：有点儿咳嗽

　　3. A：病了　　　　　　　　　B：什么病

4. A：迟到　　　　别迟到

5. B：觉得很舒服

6. A：交通事故

7. A：习惯北京的生活

三　1. C　　2. C　　3. C　　4. C　　5. B　　6. B

　　7. A

四　1. ×　　2. ×　　3. √　　4. ×　　5. ×　　6. ×

五　1. 喝一点儿酒没关系，喝多了对身体不好。

　　2. 今天我有点儿忙，没空儿，明天陪你去吧。

　　3. 每年我都来中国。

　　4. 他习惯真不好，每天房间里乱七八糟的。

　　5. 别抽烟了，你看你都咳嗽了。

六　1. C　　2. A　　3. C　　4. A

28　今天比昨天冷

二　1. A：下雨　　　　　　B：下雨　　刮风

　　2. A：听天气预报

　　3. A：外边很凉快　　　B：凉快极了

　　4. A：个子高

　　5. A：练习写字　　　　B：练习写字

三　1. B　　2. C　　3. B　　4. C　　5. C　　6. C

四　1. ×　　2. ×　　3. ×　　4. √　　5. ×　　6. ×

五　1. 词典比我的新

　　2. 比昨天热

　　3. 比小张家人口少 / 比小张家少两口人

　　4. 比一斤苹果贵一块钱

5. 比小张滑冰滑得好 / 滑冰比小张好

六　1. C　　2. A　　3. C

29　我也喜欢游泳

二　1. A：什么运动

　　2. A：会游泳

　　3. A：谁跟谁比赛

　　4. A：练了多长时间　　　A：教你吗

　　5. B：去旅行　　　　　　A：旅行

　　6. A：丢了　　　　　　　B：丢在哪儿了

　　7. B：躺一会儿

三　1. A　　2. A　　3. B　　4. C　　5. B

四　1. ×　　2. ×　　3. ×　　4. √　　5. ×　　6. √

五　1. 小张没有大卫个子高。/ 小张个子没有大卫高。

　　2. 王兰没有玛丽喜欢滑冰。

　　3. 昨天的风没有今天大。

　　4. 这套衣服没有那套漂亮。

　　5. 他以前身体没有现在好。

　　6. 我抽烟没有他多。

　　7. 我游泳没有他游得快。

六　1. C　　2. A　　3. C　　4. C

30　请你慢点儿说

二　1. B：提高工作能力

　　2. A：记住了　　　　　　B：记住

3. A：比较一下儿

4. A：当妈妈   B：当爸爸

5. B：收拾   A：收拾好

6. B：看不清楚

三 1. B   2. C   3. A   4. A   5. C   6. C

四 1. 我有一个姐姐，一个哥哥，在家里我是最小的。

2. 我常常骑快车，妈妈不放心。

3. 我的手机除了能照相以外，还能上网。

4. 我的书包里除了钱包以外，都是上课要用的东西。

5. 我去广州旅行了一个星期。

6. 他们谈话谈了一个小时。

五 1. 我除了应该买一个洗衣机以外，还应该买一个冰箱。

2. 全班同学除了大卫以外，都来了。

3. 他给朋友们当了三天导游。

4. 她跟中国朋友学做包子学了两个小时。

5. 我每天早上跑步跑半个小时。

六 1. A   2. B   3. C

31 那儿的风景美极了

二 1. A：游览

2. A：什么计划   A：计划

3. A：各种各样

4. A：风景怎么样

5. A：热闹

三 1. C   2. C   3. C   4. C   5. A

四	1. ×	2. ✓	3. ×	4. ×	5. ×
	6. ×	7. ✓			

五　1. 昨天上午你打字打了多长时间？

　　2. 晚上你要预习多长时间语法？

　　3. 现在你能翻译一些句子了吗？

　　4. 慢点儿说，你听得懂听不懂？／慢点儿说，你听得懂吗？

六　1. B　　2. C　　3. B

32　买到票了没有

二　1. A：帮忙吗

　　2. A：预订了吗

　　3. B：讨论语法

　　4. A：检查

　　5. A：挂在哪儿了

　　6. A：停着

　　7. A：三天以内

三　1. A　　2. B　　3. A　　4. B　　5. B

四　1. 他进电影院去看电影了。

　　2. 商店里挂着很多广告。

　　3. 我出门的时候忘了关电视，现在电视还开着呢，真糟糕！

　　4. 星期天我要去学校给老师帮一天忙。

　　5. 你看见小李了吗？我找了他好长时间了。

五　1. 图书馆外边停着小汽车没有？

　　2. 他在开讨论会的时候看见张老师了没有？

　　3. 桌子上放着一个漂亮的花瓶没有？

　　4. 他家的门关着没有？

5. 钱包里放着银行卡没有？

6. 你听见外边有人说话没有？

六　1. B　　　2. B　　　3. C

33　我们预订了两个房间

二　1. A：空房间吗　　　　　　　B：住满了

2. A：穿裙子　　穿裤子　　　B：裤子

3. A：渴极了/渴死了

4. A：洗　　澡

5. A：质量真不好

6. A：终于来了

三　1. B　　　2. C　　　3. B　　　4. B　　　5. A

四　1. 这个车太大，门太小，开不进去。

2. 你看，她穿得漂漂亮亮的。

3. 打开空调吧，我们可以凉快地休息休息。

4. 只要不下雨，我们就去划船。

5. 刚运动完，我想先洗洗澡再吃饭。

6. 他买了一件白衬衫。

五　1. 这个包太小，书放不进去。

2. 这辆车满了，我上不去了。

3. 只要有地图，我就能找到那个地方。

4. 只要空调的质量好，我就买。

5. 只要箱子不大，就能放进车里。

六　1. B　　　2. C　　　3. C　　　4. B

34 我头疼

二 1. A：锁好　　　　　　　　2. A：锻炼身体

　　3. A：一个手术　　　　　　4. A：摔伤了

　　5. B：打针　　　　　　　　6. A：开始上课

三 1. A　　　2. B　　　3. B　　　4. B　　　5. A

四 1. 王经理把文件看完了。

　　2. 大夫请他把嘴张开，要看看他的嗓子。

　　3. 她一进家门就说："妈妈，快吃饭吧，我饿死了！"

　　4. 只要休息休息，伤就能好。

　　5. 她打了两天针，现在好多了。

　　6. 请你把灯开开，我想看看书。

五 1. 他把出院手续办完了。

　　2. 他把手弄伤了。

　　3. 早上锻炼的时候，他把自行车钥匙丢了。

　　4. 你把那个橘子吃了吧！

　　5. 他把去上海的飞机票买好了。

六 1. B　　　2. A　　　3. B

35 你好点儿了吗

二 1. B：保证没问题　　　　　2. B：准时送到

　　3. B：戴手表　　　　　　　4. B：被（预）订完了

　　5. A：看样子要下雨　　　　6. A：喝点儿咖啡什么的

三 1. B　　　2. A　　　3. B　　　4. B　　　5. A

四 1. 他的身体一天比一天好。

　　2. 那个买手机的人是我弟弟。

113

3. 车开得太快，那棵小树叫车撞倒了。

4. 那儿离这儿很近，不用坐车，我们走着去吧。

5. 看样子他很着急，我不知道为什么。

6. 刚买的杂志被我忘在出租车上了。

五 1. 打球的时候，他被撞倒了，眼镜也被摔坏了。

2. 孩子的牛奶被小狗喝了。

3. 妹妹被她关在门外了。

4. 他寄给玛丽的东西被快递公司退回来了。

5. 电影票被他弄丢了，不能看电影了。

六 1. A   2. C   3. A

36　我要回国了

二 1. A：跟同学们告别了吗　　2. A：打扰您一下儿

3. A：照顾孩子　　　　　　4. A：准备好了没有

5. A：继续学习　　　　　　6. A：你打算去旅行吗

7. B：好机会

三 1. A   2. B   3. A   4. C

四 1. 他来教室十分钟了。

2. 他们聊了半个小时（天儿）。

3. 放假的时候，我们班有的同学去上海，有的同学去桂林。

4. 我快回国了，明天去向朋友告别。

5. 好多日子没有看见他了。／好长时间没有看见他了。／
好多天没看见他了。

五 1. 我一边看书，一边听音乐。

2. 趁天气好，我去公园看花儿。

3. 这些杂志有的是我的，有的是我妹妹的。

4. 我们离开商店半个小时了。

5. 往前走就是商店。

六　1. C　　　2. B　　　3. C　　　4. B

37　真舍不得你们走

二　1. A：开个欢送会吧　　　2. A：取得签证了吗

3. A：舍不得　留给　　　4. A：该吃饭了

5. B：颜色　深　　　　　6. A：汉语水平

三　1. A　　2. C　　3. A　　4. A　　5. C　　6. C

四　1. 她把衣服挂在柜子里了。

2. 他把电话号码留在玛丽的本子上了。

3. 同学们把练习本交给老师了。

4. 桂林的风景很美。

5. 参观浦东的时候，导游热情地给我们介绍。

五　1. 他虽然生病了，可是没有休息。

2. 人们的生活水平越来越高了。

3. 老师把几个句子写在黑板上了。

4. 我把照相机借给王兰用了。

5.（已经）十一点了，该睡觉了。

六　1. C　　　2. B　　　3. C　　　4. B

38　这儿托运行李吗

二　1. A：打听到了　　　　2. A：搬得动吗

3. A：能取　　　　　　4. B：为了身体健康

5. A：算对了吗

三　1. A　　　2. B　　　3. C　　　4. B　　　5. A

四　1. 为了方便顾客休息，商店里放了一些长椅。

　　2. 他的行李箱里不但有衣服，而且有书。

　　3. 钱快花完了，下午我要去银行取钱。

　　4. 那儿不但古迹多，而且风景很美。

　　5. 刚见面的时候，我想不起他的名字来了，现在想起来了。

五　1. 你应该按照价目表交钱。

　　2. 天气好的话，你可以坐飞机去那儿。

　　3. 把那本书拿下去的话，就不超重了。

　　4. 我来中国是为了学习汉语。

　　5. 他不但喜欢学习汉语，而且喜欢唱中文歌。

六　1. B　　　2. A　　　3. C　　　4. A

39　不能送你去机场了

二　1. A：很特别　　　2. A：添点儿

　　3. A：轻一点儿　　4. A：不结实　　　B：结实点儿的

　　5. B：随身带着　　6. A：多了解中国

三　1. B　　　2. B　　　3. A　　　4. C　　　5. B

四　1. 你今天还是明天去取照片？

　　2. 我的手提包不如你的新。

　　3. 旅行的时候，我和玛丽住在一个房间，和子住在另外一个房间。

　　4. 下星期的足球比赛你报名了吗？

　　5. 以前买的这双鞋很结实，我（还）要再买一双（这样的鞋）。

五　1. 今天不如昨天暖和。

　　2. 坐汽车去不如坐地铁快。

　　3. 大夫说，今天住院或者明天住院都可以。

4. 在上海，我们不但参观了浦东，而且参观了南京路。

六　1. A　　　2. C　　　3. C　　　4. C

40　祝你一路平安

二　1. A：平平安安回家来

2. B：耽误了学习

3. A：考虑得怎么样

4. A：进步不大　　不努力

5. B：合适的时间

6. B：跑不动

三　1. A　　2. A　　3. B　　4. B　　5. B

四　1. 在商店，我挑好了帽子，就去交钱了。

2. 我没把手提包忘在酒店。

3. 过马路的时候，要注意交通安全。

4. 你回到家，替我向你爸爸、妈妈问好。

5. 我希望你早一点儿出院，回到学校。

五　1. 他一回到家，就打开了电脑。

2. 他没把行李收拾好。

3. 汽车太挤的话，就坐出租车吧。

4. 足球比赛的时候，虽然他的腿受伤了，可是他还继续参加比赛。

六　1. C　　　2. A　　　3. C　　　4. A

测验（21—40课）

一　1. ①参观　②帮　③约　④布置　⑤放　⑥挂
　　　⑦有点儿　一点儿　⑧晚　⑨对

2. ① B　②D　③C　④D　⑤C　⑥C
　　⑦B　⑧A　⑨D　⑩D　⑪A　⑫D
　　⑬A　⑭D　⑮B

二　1. B　2. B　3. B　4. B　5. C
　　6. D　7. C/D　8. C　9. B　10. C
　　11. A　12. D　13. D　14. D　15. C

三　1. B：上　　　　　　　　2. B：麻烦你帮我
　　3. A：照（一）张相　　　4. A：你去香港还是去上海
　　5. A：你常上网吗　　　　6. A：汉语难吗
　　7. B：我把手机忘在家里了　8. A：让你久等了
　　9. A：在这儿你生活得习惯吗　10. A：照片上的人

四　1. 昨天比今天冷。　　　　2. 我唱歌唱得没有他好。
　　3. 我的自行车被他借走了。　4. 大风把小树刮倒了。
　　5. 我迟到是因为起晚了。

五　1. A：你会说　　　　　　2. A：听得懂吗 / 听得懂听不懂
　　3. A：听了多长时间　　　4. A：买东西了
　　5. A：开着